Bürger beteiligen!

Bertelsmann Stiftung (Hrsg.)

Bürger beteiligen!

Strategien, Praxistipps und Erfolgsfaktoren
für eine neue Beteiligungskultur in Behörden

| Verlag Bertelsmann**Stiftung**

Bibliografische Information der Deutschen Nationalbibliothek

Die Deutsche Nationalbibliothek verzeichnet diese Publikation in der Deutschen Nationalbibliografie; detaillierte bibliografische Daten sind im Internet unter http://dnb.d-nb.de abrufbar.

2. Auflage 2014
© 2013 Verlag Bertelsmann Stiftung, Gütersloh
Verantwortlich: Anna Renkamp
Redaktion: Dr. Thomas Orthmann, Hamburg
Lektorat: Thomas Lillig, Brüggen
Illustrationen: Werner Tiki Küstenmacher, Gröbenzell
Herstellung: Sabine Reimann
Gestaltung, Layout und Satz: Nicole Meyerholz, Bielefeld
Titelbild: Bertelsmann Stiftung/Jan Voth
Druck: Hans Kock Buch- und Offsetdruck GmbH, Bielefeld
ISBN 978-3-86793-516-6

www.bertelsmann-stiftung.de/verlag

Inhalt

Vorwort — 7

Einleitung — 9

Die Ergebnisse auf einen Blick — 11

Kapitel 1
Demokratie vitalisieren — 15
Warum es mit Bürgerbeteiligung besser geht

Kapitel 2
Chancen und Risiken — 19
Wie man Risiken keine Chance gibt und Chancen risikoarm nutzt

Kapitel 3
Mentalitäts- und Kulturwandel in der Verwaltung — 31
Warum Behörde nicht für Beteiligung gemacht ist, sie aber trotzdem meistert

Kapitel 4
Kompetenzerwerb — 41
Warum es gar nicht so doof ist, wenn man sich schlaumacht

Kapitel 5
Qualitätskriterien für Bürgerbeteiligung — 55
oder: Das Erfolgsgeheimnis der BÜRGER-Formel

Anhang — 65
Glossar — 65
Literatur und Links — 69
Die Mitglieder des »Innovationsdialogs Bürgerbeteiligung« — 70

Abstract — 73

Vorwort

Liebe Leserin, lieber Leser,
der Ruf nach mehr Bürgerbeteiligung scheidet die Geister. Was für die einen ein Traum ist, ist für die anderen ein Albtraum. Der Konflikt um Stuttgart 21 hat es gezeigt: Bürger wollen heute direkt mitreden und mitentscheiden. Politik und Verwaltung stehen unter Druck. Sie sehen sich einem neuen Typus von Bürger gegenüber. Einem Bürger, der selbstbewusster ist als früher. Einem Bürger, der informierter ist, eigene Expertise besitzt und zugleich staatlichen Stellen weniger Vertrauen entgegenbringt.

Heute reicht es deshalb nicht mehr aus, rechtlich und fachlich einwandfrei zu planen. Es braucht darüber hinaus Transparenz, umfassende und verständliche Informationen sowie echte Beteiligungs- und Gestaltungsmöglichkeiten für Bürger. Die gesetzlich vorgeschriebene Beteiligung von Bürgern, die von Infrastrukturprojekten betroffen sind, muss ergänzt werden um eine rechtlich verbindliche (Mit-)Gestaltungs- und Entscheidungsbeteiligung aller. Die Mitwirkung der Bürger sollte nicht nur bei großen Planungsvorhaben stattfinden: In den letzten Jahren wurden Beteiligungen erfolgreich auf vielen Themenfeldern erprobt, etwa bei Verwaltungsreformen, bei der Stadtentwicklung, zu Themen des Umweltschutzes, des öffentlichen Nahverkehrs oder im Bildungsbereich, um nur einige zu nennen. Bürgerbeteiligung ist ein internationales Zukunftsthema, egal ob in Waren an der Müritz, Buenos Aires, London oder Vorarlberg.

Kritikern fällt es dennoch leicht, Argumente gegen Bürgerbeteiligung zu finden: Die Mechanismen repräsentativer Demokratie würden entwertet und durch Partikularinteressen »gekapert«. Bürgerbeteiligung mobilisiere vor allem jene Bürger, die primär Projekte vor ihrer eigenen Haustür verhindern wollten, und ressourcenstarke Bildungsbürger, also die »üblichen Verdächtigen«. In Politik und öffentlicher Verwaltung spielt die Angst vor Macht- und Kontrollverlust eine Rolle.

Den Befürchtungen stehen aber auch Chancen gegenüber: Interesse, Wissen und Engagement der Menschen tragen konstruktiv zu besseren Lösungen bei. Wenn Politik das lokal vorhandene Wissen und die Weisheit der Vielen nutzt, kann sie qualitativ bessere, innovative und kreative Lösungen erzielen. Lösungen, die letztlich auf größere Akzeptanz stoßen.

Mehr Beteiligung ist weder ein Selbstzweck noch ein Selbstläufer. Um Chancen zu realisieren und bessere, breit akzeptierte Lösungen zu entwickeln, braucht Partizipation Standards. Sie muss ernsthaft und ehrlich gewollt und langfristig angelegt sein, nicht situativ und temporär. Statt punktuelle Entweder-oder-Entscheidungen zu einem (zu) späten Zeitpunkt zu treffen, muss sie verbindlich, verlässlich und kontinuierlich von Beginn an erfolgen. Zudem darf Mitbestimmung keine Exklusivveranstaltung für Akademiker, Wohlsituierte oder Senioren sein, sondern muss alle einbeziehen. Gelingende Beteiligung ist konstruktiv, nicht destruktiv. Sie muss gestaltend und lösungsorientiert organisiert sein, anstatt nur zu behindern und zu blockieren.

Erfüllt Bürgerbeteiligung diese Anforderungen, kann ein neues Vertrauensverhältnis zu Politik und Verwaltung entstehen. Auf viele Vertreter dieser Institutionen wirken diese Aussichten dennoch beunruhigend. Im vorliegenden Leitfaden wollen wir zeigen, dass einige der größten Sorgen unbegründet sind. Bürgerbeteiligung wird weder die öffentliche Verwaltung aushöhlen noch die repräsentative Demokratie verdrängen. Im Gegenteil: Sie kann beide wirkungsvoll ergänzen und vitalisieren. Damit das jedoch gelingt, muss Beteiligung qualitativ gut praktiziert werden. Hierfür braucht es eine moderne, aufgeschlossene und gut ausgestattete Verwal-

Vorwort

tung. Bürgerbeteiligung ist kein Teilzeitprojekt einzelner Beamter, sondern erfordert einen Paradigmenwechsel, für den personelle und finanzielle Ressourcen notwendig sind.

Der vorliegende Leitfaden bietet eine Orientierung für Praktiker und Entscheider auf dem Weg zu mehr Partizipation. Er soll Sie darin unterstützen und motivieren, Bürgerbeteiligung in der öffentlichen Verwaltung zu planen, zu gestalten und umzusetzen. Das in dieser Publikation enthaltene Expertenwissen aus dem Arbeitskreis »Innovationsdialog Bürgerbeteiligung« zielt dabei nicht nur auf die Unterstützung des einzelnen Beteiligungsprozesses, sondern auch auf die Entwicklung einer langfristig angelegten, nachhaltigen Beteiligungskultur ab.

Ich hoffe, dass diese Inhalte Ihr Engagement für mehr Bürgerbeteiligung fördern und so einen kleinen Teil dazu beitragen, Sie und Ihre Behörde zu einem erfolgreichen Vorreiter einer neuen Beteiligungskultur in der öffentlichen Verwaltung zu machen.

Dr. Jörg Dräger
Mitglied des Vorstands der Bertelsmann Stiftung

Einleitung

Der Leitfaden »Bürger beteiligen!« unterstützt Sie als Vertreter von Verwaltung oder Politik bei der Entwicklung von Beteiligungsprozessen.[1] Er soll helfen, eine neue Beteiligungskultur in Behörden zu verankern. Selbstverständlich liegt Bürgerbeteiligung nicht allein in der Verantwortung von Politik und Verwaltung. Damit Partizipation zu guten Ergebnissen führen kann, sind alle Beteiligten, also auch Bürger, Interessengruppen und Vertreter der Wirtschaft gefordert, ihr traditionelles Vorgehen zu überdenken und frühzeitig, offen und konstruktiv nach Lösungen zu suchen. Dieser Leitfaden zeigt auf, wie in diesem Kontext Politik und Verwaltung Bürgerbeteiligung zu einem etablierten und wirkungsvollen Bestandteil staatlichen Handelns mitentwickeln können. Im Vordergrund steht dabei die Frage, wie sich die Interessen, Bedürfnisse und Kompetenzen von Bürgern noch stärker berücksichtigen lassen – zum Nutzen von Bürgern und Verwaltung.

An der Entstehung des Leitfadens waren 27 Fachleute aus der deutschen Politik und Verwaltung sowie der Bertelsmann Stiftung beteiligt. Anderthalb Jahre lang kamen sie regelmäßig im Arbeitskreis „Innovationsdialog Bürgerbeteiligung" zusammen. Als Vertreter von Kommunen, Ländern und des Bundes haben sie wertvolles Praxiswissen und eigene Beteiligungserfahrungen zusammengetragen. Entstanden ist ein Ratgeber, der Verwaltungskräften dabei helfen soll, Beteiligungsvorhaben zu planen und durchzuführen sowie Bürgerbeteiligung grundsätzlich in der öffentlichen Verwaltung zu verankern.

Der Leitfaden beginnt mit einer kurzen Problemanalyse und erläutert in Kapitel 1, weshalb Bürgerbeteiligung zu den zentralen Zukunftsthemen für Politik und Verwaltung gehört. Das zweite Kapitel nennt Chancen und Risiken, die mit der zunehmenden bürgerschaftlichen Teilhabe verbunden sind. Im dritten Kapitel wird dargestellt, dass Beteiligung sich nicht in einzelnen Planungsvorhaben oder Projekten erschöpft. Partizipation muss zu einem festen Bestandteil der Verwaltungsarbeit und des Selbstverständnisses von Behörden werden. Kapitel 4 zielt auf die neue Rolle der Behörden ab. Hier wird dargelegt, welche Kompetenzen Verwaltungskräfte für das Thema Bürgerbeteiligung benötigen und wie sie diese erwerben können. Im fünften und letzten Kapitel gehen wir schließlich darauf ein, welche Qualitätskriterien eine gute Beteiligung ausmachen.

---

1   Bei Begriffen, die auch die weibliche Form zulassen, wird aus Gründen der Lesbarkeit die männliche Form verwendet. Sie wird von den Autoren als neutral empfunden und schließt Männer und Frauen gleichermaßen ein.

Die Ergebnisse auf einen Blick

Der Leitfaden »Bürger beteiligen!« ist das Ergebnis des »Innovationsdialogs Bürgerbeteiligung«. Dieser Arbeitskreis wurde von der Bertelsmann Stiftung im Dezember 2011 initiiert. Über einen Zeitraum von anderthalb Jahren haben 27 Praktiker und Vordenker aus Ministerien, Staatskanzleien und Kommunen mit Vertretern der Bertelsmann Stiftung in sechs Arbeitstreffen über Bürgerbeteiligung diskutiert, Erfahrungen ausgetauscht und Wissen gebündelt. Die Diskussionen fanden auf hohem Niveau in einer kollegialen, sehr sachlichen und offenen Atmosphäre statt. Alle Teilnehmer haben über positive und negative Erfahrungen mit Bürgerbeteiligung in ihrem jeweiligen Verwaltungskontext berichtet. Die Auseinandersetzung mit eigenen konkreten Projekterfahrungen ist durch fachliches und wissenschaftliches Wissen von außen ergänzt worden. Werkzeuge und Methoden, die in Bürgerbeteiligungsprozessen zum Einsatz kommen, wurden während des Innovationsdialogs praktisch erprobt.

Die vielfältigen Impulse und lebendigen Ansätze zur Bearbeitung des Themas haben allen Beteiligten nicht nur viele neue Anregungen gegeben. Sie haben auch dazu geführt, dass eine gründliche Analyse von Partizipationsmöglichkeiten im Kontext der Verwaltungsrealität vorgenommen werden konnte. Das machte eine realitätsnahe Bestandsaufnahme und Analyse möglich, die eine gute Grundlage für die Entwicklung von Empfehlungen – auch zu den Qualitätskriterien guter Bürgerbeteiligung – bietet. Allen Mitwirkenden danken wir herzlich für ihr Vertrauen und ihre Expertise!

Wie gelingt echte Teilhabe und welche Faktoren sind für den Erfolg von Bürgerbeteiligung entscheidend? Wo liegen die Chancen und Risiken von Bürgerbeteiligung? Wie entsteht eine neue Kultur innerhalb der Verwaltung, die den Mitarbeitern ein flexibleres und bürgerorientierteres Arbeiten ermöglicht? Das sind die Kernfragen, die uns durch das Programm des Innovationsdialogs geleitet haben. Die wichtigsten Erkenntnisse haben wir hier für Sie auf einen Blick zusammengefasst.

Wirksame Bürgerbeteiligung vitalisiert die repräsentative Demokratie

Selbstbewusste, gut informierte und partizipationswillige Bürger fordern heute mehr Beteiligung und Mitsprache und wollen auf Augenhöhe mit Politik und Verwaltung kommunizieren. Auch wenn die repräsentative Demokratie viel Raum für mehr Transparenz, Dialog und Bürgerbeteiligung bietet, ohne dass irgendwelche gesetzlichen Änderungen notwendig wären: Der Weg zu größerer Bürgerbeteiligung ist doch nicht einfach. Dass diese jedoch erwünscht und nötig ist, zeigt sich in den letzten Jahren unter anderem an massivem Bürgerprotest und auch daran, dass politische Entscheidungen immer häufiger durch plebiszitäre Maßnahmen gekippt werden.

Bürgerbeteiligung kann daher helfen, Lösungen zu finden, die qualitativ über Entweder-oder-Entscheidungen hinausgehen. Die Einbindung der Bürgermeinung bedeutet dabei keine Schwächung der repräsentativen Demokratie. Sie kann im Gegenteil dazu beitragen, diese in Zeiten komplexer Problemlagen, abnehmender Wahlbeteiligung und schrumpfender Parteien neu zu vitalisieren.

Dazu braucht es nicht nur aufmerksame Politiker, sondern auch Veränderungen in der öffentlichen Verwaltung. In Deutschland haben wir ein über Jahrzehnte entwickeltes und etabliertes Behördensystem hierarchischer Ordnung. Planend und steuernd folgt es standardisierten Verfahrenswegen, die auf rechtlichen Vorgaben basieren. Aus diesem System wird nicht von heute auf morgen eine Verwaltung, die Meinungen und Wissen von außen flexibel einbindet. Bürgerbeteiligung zielt nicht darauf ab, jedes etablierte Verfahren und jede Struktur ins Wanken zu bringen. Gänzlich ohne Veränderung ist sie andererseits jedoch auch nicht zu leisten: Um Bürgerbeteiligung zu ermöglichen, bedarf es gezielter und langfristiger Maßnahmen zum Aufbau von Schlüsselkompetenzen, modernisierter Strukturen und einer akzeptierten Beteiligungskultur.

Chancen erhöhen, Risiken minimieren

Beteiligung ist immer mit Chancen und Risiken verbunden. Grundsätzlich gilt: Je besser Beteiligung geplant und umgesetzt wird, desto größer sind die daraus erwachsenden Chancen und desto geringer die damit verbundenen Risiken.

Zu den möglichen Risiken gehören Verfahrensverzögerungen, die Dominanz von Partikularinteressen, Qualitätsverlust, vermehrter Arbeitsaufwand, höhere Kosten und eingeschränkte Macht und Kompetenzen. Aufgabe aller Beteiligten ist es, durch eine gut gestaltete Mitwirkung daraus Chancen zu machen. Gute Beteiligung unter soliden Rahmenbedingungen erhöht die Akzeptanz von Entscheidungen und führt zu bedarfsgerechteren – weil gemeinsam entwickelten – Lösungen. Beteiligung kann die Verwaltung langfristig entlasten, wenn zum Beispiel Kooperationen zwischen Verwaltung und Bürgern entstehen.

Auf dem Weg zu einer neuen Kultur – kontinuierlich statt punktuell

Die Experten des Innovationsdialogs sind sich einig, dass die Entwicklung einer neuen Beteiligungskultur ein langfristiger Prozess ist und wir erst am Anfang stehen. Einige Stellen in der Verwaltung sind heute bereits geübt darin, Bürger vor Ort an bestimmten Vorhaben zu beteiligen. Doch bisher hat diese Öffnung meist projektbezogenen Charakter. Notwendig ist eine umfassende Beteiligungskultur. Bedingung dafür ist eine veränderte Organisationskultur innerhalb der Verwaltung, ein Wandel in Werten, Normen und persönlichen Haltungen, sodass sich die Beteiligungskultur nachhaltig verankern lässt. Ziel dabei ist ein vertrauensvolles Verhältnis zwischen Bürger und Staat, die einander auf Augenhöhe, offen und konstruktiv begegnen sollen. Den Mitarbeitern der Verwaltung ermöglicht die Beteiligungskultur flexibles und bedarfsorientierteres Handeln.

Politik und Verwaltung sollten diesen Wandel aktiv angehen: Notwendigkeit und Nutzen dieses Prozesses müssen transparent gemacht, der Wandel zur Chefsache und in Praxisprojekten erprobt und erlebt werden. Planungs- und Entscheidungsprozesse sind so anzupassen, dass Bürgerbeteiligung zum selbstverständlich gelebten Bestandteil des Denkens und Handelns wird.

Mitarbeiter qualifizieren – Kompetenzen aufbauen

Damit Beteiligung gelingt, benötigen Führungs- und Verwaltungskräfte auch neue Kompetenzen. Welche neuen Kompetenzen und welches Handwerkszeug brauchen sie, um Bürgerbeteiligung erfolgreich umzusetzen? Das Wissen um Chancen, Risiken, Ziele und Methoden von Bürgerbeteiligung gehört zweifellos ebenso dazu wie die analytischen Fähigkeiten, Beteiligungsprozesse planen und gestalten zu können. Wichtig – sowohl nach innen als auch nach außen – sind außerdem kommunikative und sozioemotionale Qualifikationen, etwa der konstruktive Umgang mit dem Unerwarteten, die Fähigkeit zum Perspektivenwechsel und die Bereitschaft, sich auf die Sichtweise der Gegenseite einzulassen.

Der Erwerb solcher Kompetenzen sollte zum festen Bestandteil der Aus- und Weiterbildung werden. Er kann durch verwaltungsinterne Netzwerke, projektbegleitendes Coaching oder durch das Eigenstudium von Literatur und Handbüchern weiter gefördert werden. Zum zentralen Kern des Kompetenzerwerbs zählen aber das Einüben und die praktische Umsetzung in eigenen Bürgerbeteiligungsprojekten. Besonders effektiv ist die Verknüpfung von Praxisprojekten mit theoretischem Wissensaufbau.

Beteiligung mit Qualität

Beteiligung ist nur wirksam, wenn sie gut gemacht ist. Zwar gibt es zahlreiche Möglichkeiten und unterschiedliche Formen von Beteiligungsverfahren; doch lassen sich wesentliche Qualitätskriterien definieren, die maßgeblich zum Erfolg von Beteiligung beitragen. Die vorliegende Publikation nennt die dafür wichtigen Leitfragen und veranschaulicht sie in der BÜRGER-Formel.

Die BÜRGER-Formel fasst die sechs bedeutendsten Qualitätskriterien zusammen, mit deren Hilfe Behördenvertreter die Erfolgsaussichten von Beteiligungsprojekten überprüfen können. Neben der inneren Bereitschaft und Offenheit für Partizipation sowie einem überzeugenden Bekenntnis bedarf es demnach ausreichender Ressourcen sowie eines guten Prozessmanagements, geeigneter Methoden, Transparenz und Verbindlichkeit bei den gemeinsam erarbeiteten Ergebnissen.

Dass dieser Wandel gerade unter den heutigen Rahmenbedingungen nicht einfach wird, ist allen Beteiligten klar. Zumal Verwaltung sich mit einer Reihe von weiteren Herausforderungen konfrontiert sieht: zum Beispiel mit drastischen Sparvorgaben aufgrund der angespannten Haushaltslagen oder mit dem demografischen Wandel, der sich auch in der Mitarbeiterstruktur der Verwaltung bemerkbar macht. Hier ist die Politik gefordert: Neue Prioritätensetzungen, auch bei Finanz- und Personalausstattung, sind unverzichtbar.

Wenn es auch bis zu nachhaltiger und kontinuierlich gelebter Bürgerbeteiligung noch ein langer und nicht einfacher Weg ist, so hoffen wir doch, mit dem Leitfaden »Bürger beteiligen!« einen Beitrag zum Gelingen von Partizipation in Politik und Verwaltung leisten zu können – sei es für Ihr nächstes Beteiligungsvorhaben oder für das langfristige Ziel, einen grundlegenden Mentalitäts- und Kulturwandel herbeizuführen.

Anna Renkamp
Project Manager
Programm Zukunft der Demokratie
Bertelsmann Stiftung

Christina Tillmann
Senior Project Manager
Programm Zukunft der Demokratie
Bertelsmann Stiftung

Kapitel 1
Demokratie vitalisieren

Warum es mit Bürgerbeteiligung besser geht

»Die alte Frontstellung zwischen direkter und repräsentativer Demokratie entspricht längst nicht mehr der politischen und gesellschaftlichen Wirklichkeit. Mehr Bürgerbeteiligung will das repräsentative System nicht ersetzen, sie kann es vielmehr wirkungsvoll ergänzen und vitalisieren. Diese Chance gilt es zu erkennen und zu nutzen.«

Christoph Charlier, Staatskanzlei des Landes Rheinland-Pfalz

Bürgerbeteiligung hat Konjunktur. Dafür gibt es gleich mehrere Gründe. Ganz wesentlich trägt dazu ein nicht erst seit gestern bestehendes Attraktivitätsproblem der repräsentativen Demokratie bei. Wahlbeteiligung und das Vertrauen der Bürger in die Demokratie – beziehungsweise in die staatlichen Institutionen – sind in den letzten Jahrzehnten erheblich gesunken. Noch nie haben nach dem Krieg so wenige Bürger bei einer Bundestagswahl ihre Stimme abgegeben wie im Jahr 2009. Und auch 2013 war die Wahlbeteiligung kaum höher. Viele Bundesbürger glauben nicht mehr, dass die Demokratie in der Lage ist, Probleme zu lösen (vgl. etwa Walter und Michelsen, 2013).

Ein solches Misstrauen entsteht nicht nur anlassbezogen: wenn also Menschen sich übergangen fühlen, wenn bei Bauvorhaben die Kosten explodieren oder wenn Planungsfehler und Versäumnisse den Eindruck erwecken, staatlichen Institutionen fehle es an Kontrolle und Kompetenz – wie zum Beispiel bei Stuttgart 21, der Elbphilharmonie Hamburg oder beim Flughafen Berlin-Brandenburg. Studien belegen, dass die Bürger dem Staat auch grundsätzlich misstrauen, vor allem weil es ihm an Transparenz fehlt.

Keine guten Voraussetzungen, um aus den Reihen der Politik heraus Entscheidungen zu treffen und aus den Reihen der Verwaltung heraus im Sinne des Bürgers zu handeln. Es fehlt an Vertrauen und Nähe. Der Staat braucht wieder einen engeren Kontakt zum Bürger und der Bürger wieder engeren Kontakt zum Staat. Verwaltung braucht zudem ein neues Selbstverständnis: Neben einer guten Planung, Ordnung und Steuerung ist mehr und mehr strategisches Gestalten und Lenken gefragt.

Die neue Rolle von Verwaltung ist ebenso Chance wie Herausforderung. Auf dem Weg zur Bürgerbeteiligung kann Verwaltungsarbeit nicht länger nur standardisierten Verfahrenswegen folgen. An ihre Stelle tritt ein flexibleres, eigenständigeres und vor allem stärker ergebnisorientiertes Planen und Handeln. Das aber gelingt nur, wenn sich auch eine neue Beteiligungskultur ausbildet. Erst durch einen umfassenden Mentalitäts- und Kulturwandel in Behörden wird Bürgerbeteiligung zum festen und erfolgreichen Bestandteil der Verwaltungsarbeit.

Demokratie in Gefahr?

»Hilfe, die repräsentative Demokratie ist in Gefahr!« – das ist eines der ersten Argumente, wenn es darum geht, Bürgerbeteiligung zu verhindern. Die dahinter stehende Furcht sitzt tief. Bei vielen Vertretern aus Politik und Verwaltung ist sie

Demokratie vitalisieren

unmittelbar präsent, wenn es heißt, Bürger dürfen mehr mitreden, mehr mitgestalten und mehr mitentscheiden. Warum sollten sie das? Es ist doch alles gut, wie es ist. Wir haben schließlich frei gewählte Vertreter, Ausschüsse, Räte und Gremien, die sich um alles kümmern. Einfluss von außen wird als bedrohlich wahrgenommen. Zum einen, weil Partizipation am Selbstverständnis von Politik und Verwaltung rüttelt. Zum anderen, weil Vertreter der Verwaltung ihre fachliche Kompetenz und Professionalität infrage gestellt sehen. Letzteres ist verständlich, aber ebenso unbegründet wie die Befürchtung, Beteiligung nage an den Grundfesten der repräsentativen Demokratie. Bürgerbeteiligung wird unsere demokratischen Strukturen ebenso wenig aushebeln wie aufheben. Im Gegenteil: Partizipation ergänzt sie, belebt sie und wertet sie auf. Wird die repräsentative Demokratie um deliberative Verfahren ergänzt, bedeutet das für Planer und Entscheider nicht nur Einmischung von außen, sondern auch größere Sicherheit in ihrer täglichen Arbeit. Verwaltung und Politik können sich so nämlich auch zwischen den Wahlterminen ein Meinungsbild der Bürger einholen. Entscheidungen und Vorhaben werden repräsentativer und sind näher am Bürger.

Dein Wohl. Mein Wohl. Gemeinwohl

Mit welchen Regierungs- oder Oppositionszielen Parteien bei einer Wahl antreten, um erst einmal Volkes Stimme zu gewinnen, ist die eine Sache. Eine andere ist es, wie sie nachher tatsächlich ihre Ziele erreichen und inhaltlich ausgestalten wollen. An diesem Punkt erhalten Bürger durch mehr Teilhabe die Möglichkeit, direkter Einfluss zu nehmen als bisher. Bürger gestalten Gemeinwohl – und das nicht nur durch Abgabe ihrer Wählerstimme. Dieser Anspruch legitimiert sich eigentlich von selbst. Es ist nur die Frage, wie viel Spielraum und Gelegenheit den Menschen dafür eingeräumt wird. Je mehr Beteiligungsmöglichkeiten es für Bürger gibt, desto klarer lassen sich Entscheidungen und Ergebnisse auch im Sinne des Gemeinwohls erzielen. Und desto größer ist die Chance, alle Interessengruppen zu erreichen, die Vielfalt von Interessen und Bürgermeinungen berücksichtigen und nachhaltige Entscheidungen treffen zu können. Die Aufgabe der Entscheider – die letztendliche Abwägung unterschiedlicher Interessen zur größtmöglichen Berücksichtigung des Gemeinwohls – bleibt davon unberührt. Voraussetzung ist natürlich eine gut gemachte Beteiligung – und das nicht nur in quantitativer Hinsicht. Auch die Qualität von Beteiligung muss stimmen: Um Entscheidungen aus informellen Beteiligungsverfahren überhaupt zu legitimieren, müssen bestimmte qualitative Standards erfüllt sein. Erst dann wächst mit einer neuen Beteiligungskultur auch die Legitimität staatlicher Entscheidungen und staatlichen Handelns. Bürgerschaftliche Teilhabe ist dann ein Gewinn für die repräsentative Demokratie.

Nicht ohne meine Bürger

Was heißt das für die öffentliche Verwaltung und ihre Mitarbeiter, die jeden Tag mit Bürgern und Bürgerreaktionen zu tun haben? Mehr Bürgerbeteiligung heißt, dass sich Verwaltung in ihrem Denken und Handeln umstellen muss. Daran führt kein Weg vorbei. Verwaltungsmitarbeiter sind in ihrer täglichen Arbeit noch stärker von Veränderungen betroffen als die Vertreter der Politik. Schließlich sind sie es, die Beteiligung nicht nur mitdenken und planen müssen, sondern auch erleben und direkt umsetzen. Dafür profitieren sie auch von den Vorteilen einer verbesserten Bürgerbeteiligung. Worin genau diese Vorteile liegen, darauf gehen wir im Kapitel »Chancen und Risiken« genauer ein.

Zunächst einmal stellt sich für eine moderne und zukunftsfähige Verwaltung die Frage, wie sie ihre Dienstleistungen flexibel, kundenorientiert und bedarfsgerecht erbringen kann. Die Antwort lautet: nicht anders als durch gute Bür-

»Wir haben die Bürgerinnen und Bürger gefragt, wie sie sich unser neues Rechenzentrum vorstellen, und siehe da...«

gerbeteiligung. Im nachfolgenden Kapitel zeigen wir, wie die Mitwirkung von Bürgern das Verwaltungshandeln positiv beeinflusst. Bei »dem Bürger« handelt es sich nämlich nicht generell um den unwissenden Laien, der an die Hand genommen und mühsam durch den Beteiligungsprozess geführt werden müsste. »Der Bürger« hat auch nicht die Rolle des Berufsquerulanten oder Kontrahenten, der sich aus reiner Opposition jedem Vorhaben in den Weg wirft.

Im Gegenteil: Der Wunsch nach Beteiligung entsteht bei den Menschen immer dann, wenn eigene Interessen berührt sind oder wenn direkte Betroffenheit da ist. In diesen Momenten sind Bürger interessiert daran, mitzuwirken und zu ihren Interessen passende Lösungen zu entwickeln. Sie sind dann oft sehr gut informiert. Bürger verfügen über eigenes Erfahrungswissen und eigene Kenntnisse zu örtlichen Gegebenheiten, die das Wissen und die Kompetenzen von Verwaltung bereichern. Verwaltung, die das erkennt und aufgreift, erzielt in ihrer Arbeit qualitativ bessere Lösungen.

Bürgerbeteiligung verstärkt sich selbst

Planer und Entscheider müssen sich immer wieder neu auf Planungsvorhaben und die daran beteiligten Bürger einlassen. Die Bedürfnisse der Bürger zu kennen und diese dann auch bei der Entscheidungsfindung mitzuberücksichtigen, ist nichts anderes als Kundenorientierung. Kundenorientierung trägt ganz automatisch zu bedarfsgerechten Lösungen bei. Der Bürger am Planungstisch steigert die Qualität der Arbeit in Verwaltung und Politik: Sein Mitwirken erhöht die Chance, dass Investitionen nicht am Bedarf vorbeigehen und dass es statt zu Konflikten zum Interessenausgleich kommt. Gleichzeitig wächst bei den Bürgern die Zufriedenheit mit den Ergebnissen und Entscheidungen staatlicher Institutionen sowie das Vertrauen in diese. Das wiederum steigert das Interesse der Menschen an mehr bürgerschaftlicher Teilhabe und Mitwirkung. So schließt sich der Kreis und Bürgerbeteiligung verstärkt sich weiter.

Politik und Verwaltung haben letztlich die Wahl: Ohne Beteiligung begegnen sie und die Bürger sich zunehmend auf der Ebene von Auseinandersetzung und Konfrontation. Die Menschen fühlen sich nicht verstanden, nicht ernst genommen und nicht vertreten. Mit dem Bürger als frühzeitigem Dialog- und Gestaltungspartner kann dagegen aus Konfrontation Kooperation werden. Dann meint Auseinandersetzung nicht konfrontativen Disput, sondern die konstruktive, inhaltliche Zusammenarbeit im Rahmen von Planungs- und Entscheidungsprozessen.

Kapitel 2

Chancen und Risiken

Wie man Risiken keine Chance gibt und Chancen risikoarm nutzt

Bürgerbeteiligung ist mit Chancen und Risiken verbunden. Das gilt sowohl für die Politik als auch für die Verwaltung. Für beide Seiten stellt sich die Frage: Wo bringt es eigentlich einen konkreten Nutzen, wenn Bürger mitreden oder mitentscheiden? Und mit welchen Kosten (nicht nur materieller Art) ist Partizipation überhaupt verbunden? Eines vorab: So wenig wie es einen Königsweg oder ein Patentrezept für erfolgreiche Bürgerbeteiligung gibt, so wenig sind die möglichen Chancen und Risiken beziehungsweise Kosten und Nutzen auf alle Beteiligungsprozesse übertragbar.

Beteiligung ist, was man selbst daraus macht

Was einen Beteiligungsprozess vorantreibt oder hemmt, das lässt sich klar umreißen – sollte man meinen. Doch das ist nicht immer der Fall. Es gibt gleich mehrere Faktoren, die sowohl als Argument für bürgerschaftliche Teilhabe herhalten können als auch als Argument dagegen. Zu diesen Faktoren zählen Zeit, Kosten und Qualität.

Beteiligungsskeptiker verweisen gerne auf das Risiko, dass Verfahrensprozesse länger dauern, die Kosten steigen und die Ergebnisqualität darunter leidet, wenn jeder mitreden darf. Beteiligungsfürsprecher sehen in der Möglichkeit, sich zu beteiligen, dagegen die Chance, dass Vorhaben schneller, kostengünstiger und im Ergebnis erfolgreicher umgesetzt werden können. Dieses vermeintliche Paradoxon ist in Wirklichkeit keines, weil grundsätzlich alle genannten Entwicklungen auftreten können. Wir werden noch in Kapitel 5 bei den Qualitätskriterien sehen, dass Verwaltung und Politik großen Einfluss darauf haben, ob die Wahrscheinlichkeit für ein bestimmtes Risiko hoch oder niedrig ist beziehungsweise wodurch Kosten entstehen. Maßgeblich dafür sind zunächst einmal der Professionalisierungsgrad und die Qualität, mit der Beteiligung entwickelt wird. Oder einfach gesagt: Schlechte Beteiligung erhöht sowohl die Risiken als auch die Kosten.

»Er sagt, aus seiner Sicht wäre Bürgerbeteiligung völliger Unsinn.«

Letztlich zeigt erst die Praxis, was aus anfänglichen Risikoabschätzungen und theoretischen Kosten-Nutzen-Rechnungen wird. Solange sich Bürger, Politik und Verwaltung noch im Stadium einer Grundsatzdiskussion befinden, muss genau aus diesem Grund darauf geachtet werden, Beteiligung nicht schon durch Totschlagargumente zu verhindern – zum Beispiel in der Form: »Teilhabe macht alles länger, schlechter und teurer.« Wer Bürgerbeteiligung ernsthaft und aufrichtig betreiben will, muss bereit sein, Risiken einzugehen und auch zu investieren.

Chancen für die Politik

Bürgerbeteiligung ist ein demokratischer Prozess der Willensbildung. Gerade durch Partizipation gewinnt dieser Prozess überhaupt erst an Qualität und Legitimation. Auf den folgenden Seiten haben wir Überlegungen dazu angestellt, was gute Bürgerbeteiligung konkret leisten kann.

Bürgerbeteiligung bietet Chancen, denn sie ...

- **sorgt für eine enge Kommunikation mit dem Bürger:** Bürgerbeteiligung bedeutet, dass die Menschen nicht nur alle vier bis fünf Jahre ihren politischen Willen äußern können. Haben sie die Chance, jederzeit projekt- und anlassbezogen mit Politik ins Gespräch zu kommen, fühlen sie sich in ihren Anliegen direkter wahrgenommen und vertreten.

- **ist ein Instrument unmittelbarer Rückkopplung:** Bürgerbeteiligung ist ein fortwährender Seismograf für gesellschaftliche Stimmungen und warnt frühzeitig vor möglichen Konflikten. Je größer das Konfliktpotenzial innerhalb von Beteiligungsprozessen, desto wichtiger ist es, mögliche Entwicklungen frühzeitig abschätzen zu können. Politik erhält durch Bürgerbeteiligung eine unmittelbare Reaktion auf konkrete Entscheidungen und politisches Handeln.

- **weckt beim Bürger politisches Interesse:** Erkennen die Menschen, dass echte Beteiligung möglich ist und ihr Engagement tatsächlich etwas bewirkt, wächst auch das Interesse an Politik allgemein. Bürgerbeteiligung kann somit ein Beitrag gegen Politikverdrossenheit und einfache Stammtischrhetorik sein.

- **schafft Vertrauen:** Thematische Nähe zum Bürger und persönliche Mitwirkung an Beteiligungsvorhaben wirken vertrauensbildend. Es wächst aber nicht nur das Vertrauen in die Politik, sondern auch der Glaube an eine funktionierende Demokratie.

- **stärkt die Kooperation zwischen Politik und Verwaltung:** Eine neue Kultur der Beteiligung braucht neue Formen der Kommunikation und Zusammenarbeit zwischen Politik und Verwaltung. Der gemeinsame Weg zur Beteiligungsgesellschaft sorgt auf allen Seiten für mehr Transparenz, Vertrauen und Miteinander.

- **sorgt für bessere Lösungen:** Wissen und Kompetenzen gibt es nicht nur in Verwaltung und Politik. Die Vielfalt an Kompetenzen, Anregungen und Ideen aufseiten der Bürger ist groß. Aus der Praxis und persönlicher Betroffenheit heraus entstehen oft überraschende, einfache und gute Lösungen.

Zwischenfazit: Beteiligung stärkt Politik

Was kann es für Politik Besseres geben, als möglichst viele der eigenen Themen umzusetzen? Welche Partei möchte nicht ihre politische Stellung in Kommune und Land stärken und sichern? Eine – im wahrsten Sinne des Wortes – bürgernahe Politik zu betreiben, hat somit einen direkten politischen Nutzen.

Bürgerbeteiligung eröffnet der Politik Chancen, denn sie ...

- **fördert die Akzeptanz von Projekten:** Beteiligung zeigt den positiven Effekt, dass selbst ungewollte Lösungen besser mitgetragen werden – allein dadurch, dass sie im Rahmen eines gemeinsamen Gestaltungs- und Aushandlungsprozesses erzielt wurden. Die Menschen fühlen sich durch bestimmte Entscheidungen nicht mehr abgespeist.

Abbildung 1: Chancen und Risiken von Bürgerbeteiligung

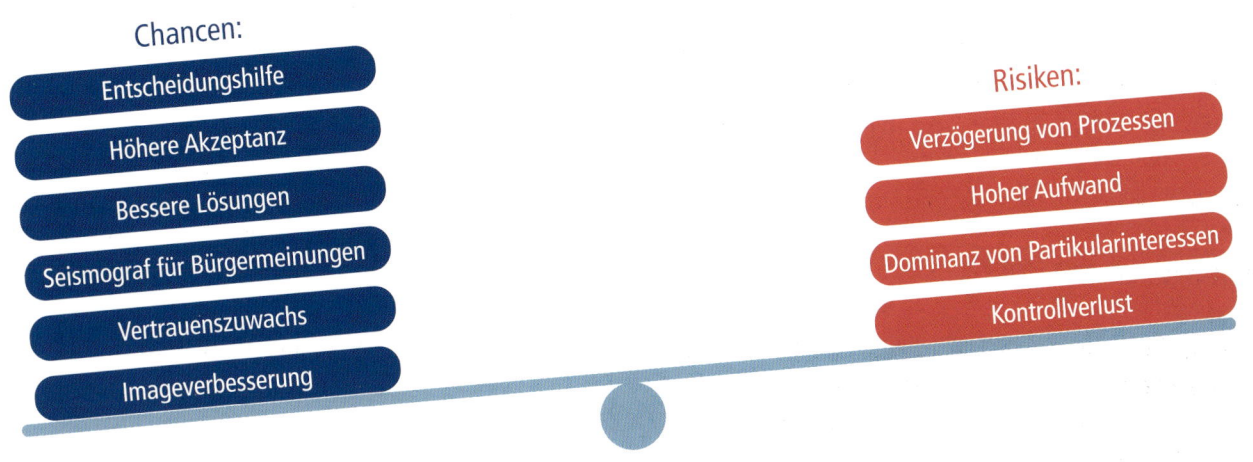

Sie entwickeln Verständnis und Akzeptanz, da sie Einblick in die Ziele, Möglichkeiten und Grenzen eines Vorhabens bekommen haben.

- **ermöglicht die Profilierung politischer Akteure:** Bürgerbeteiligung bietet die Chance, sich durch mehr Bürgernähe zu profilieren. Das beginnt mit einem offenen Ohr, muss konsequenterweise aber auch den Umsetzungswillen beinhalten.

- **entlastet Entscheider:** Bürger mitentscheiden zu lassen, hat für politische Vertreter den Vorteil, dass der ständige Entscheidungsdruck nicht nur auf ihnen lastet. Er verteilt sich auf die Schultern aller Beteiligten. Die letztendliche Entscheidung der dafür Zuständigen hat eine ganz andere Basis.

- **legitimiert Politiker und Parteien:** Auch wenn ein Bürger alle vier bis fünf Jahre zur Wahl geht, legitimiert er damit nicht gleich sämtliche Vorhaben, die die von ihm gewählten Volksvertreter innerhalb dieser Zeit planen beziehungsweise umsetzen. Durch Bürgerbeteiligung haben Wähler die Möglichkeit, zeitnäher und direkter auf politische Entscheidungen Einfluss zu nehmen. Politik, die das aufnimmt und berücksichtigt, erfährt eine deutlich stärkere Legitimation.

- **sorgt für Stabilität:** Die Befürchtung, Bürgerbeteiligung sei automatisch mit Machtverlust verbunden, ist unbegründet. Wer Bürger beteiligt, teilt natürlich auch ein Stück Macht – oder besser gesagt: ein Stück der Position, die Parteien oder Politiker für vier oder fünf Jahre innehaben. Wer aber über die Grenze einer Legislaturperiode hinausschaut, erkennt, dass er gerade durch Bürgernähe seine politische Position stabilisieren und langfristig sichern kann.

- **vermeidet plebiszitäre Entweder-oder-Entscheidungen:** Plebiszite wie Volksentscheide oder Bürgerentscheide können oft nur Entweder-oder-Lösungen sein. Dadurch werden bereits getroffene Entscheidungen wieder vollständig einkassiert, Investitionen gehen verloren. Frühzeitige Bürgerbeteiligung kann solche Situationen verhindern helfen, indem sie Meinungsäußerung und Gestaltungsspielräume anbietet.

Risiken für die Politik

Wird Bürgerbeteiligung nur halbherzig oder unprofessionell betrieben, ist der Schaden größer als der Nutzen. »Ein bisschen Beteiligung« hat negative Folgen – für Bürger und Politik.

Bürgerbeteiligung birgt für die Politik Risiken, denn sie ...

- **trägt zum Machtverlust bei:** Dort, wo Beteiligung nicht ernst gemeint ist oder sich sogar als reine Wahlpropaganda entlarvt, führt sie zu Vertrauens- und Machtverlust. Die Menschen werden misstrauisch, fühlen sich nicht verstanden und nicht repräsentiert.

- **verzögert Entscheidungsprozesse:** Eine professionelle, konsequente und umfassende Beteiligung hat das Potenzial, Zeit einzusparen – und zwar die Zeit, die Politik ansonsten für Bürgerproteste, inhaltliche Nachbesserungen, Reaktionen auf mediale Öffentlichkeit oder für Volks- und Bürgerentscheide investieren muss. Bei schlecht gemachter Bürgerbeteiligung – oder Alibi-Beteiligung – addieren sich solche Verzögerungen noch zu den Zeiten erfolgloser beziehungsweise nicht ernst gemeinter Teilhabebemühungen.

- **gibt Partikularinteressen ein zu starkes Gewicht:** Wer am lautesten schreit, wird gehört. Das ist die Gefahr, wenn Bürgerbeteiligung nicht dafür sorgt, dass bislang schweigende oder stillere Teile der Bevölkerung ausreichend zu

So gelingt Beteiligung:

10 Tipps für die Politik

1. Machen Sie Bürgerbeteiligung zur Chefsache.
2. Entwickeln Sie eine Beteiligungsstrategie und definieren Sie klare Ziele.
3. Arbeiten Sie an einem parteiübergreifenden Konsens zum Thema »Teilhabe«.
4. Schaffen Sie förderliche Strukturen und stellen Sie ausreichend Ressourcen bereit.
5. Vernetzen Sie sich über Partei- und Politikgrenzen hinweg.
6. Sorgen Sie für Qualifikation und Beratung und fördern/leben Sie den Kulturwandel.
7. Setzen Sie konkrete Themen, geben Sie konkrete Handlungsaufträge und legen Sie konkrete Zuständigkeiten fest.
8. Holen Sie Expertenwissen ein und ermöglichen Sie »Learning by Doing«.
9. Verdeutlichen Sie die Komplexität, die Möglichkeiten und Grenzen von Beteiligung.
10. Binden Sie die Medien ein.

Wort kommen. Unter solchen Umständen kann Bürgerbeteiligung Eliten begünstigen und Randgruppen vernachlässigen: Die neue Protestkultur gibt dem pensionierten Lehrer eine Stimme, nicht aber der alleinerziehenden Hartz-IV-Empfängerin.

- **führt zu Rechtskonflikten:** Werden Möglichkeiten und Grenzen von Beteiligung nicht definiert und transparent gemacht, können rechtliche Probleme entstehen. Gleiches gilt, wenn Unklarheit über Ergebnisse, Ziele, Rahmenbedingungen und Ressourcen besteht. Einzelne Verfahrensteile können dabei in Konflikt stehen mit geltenden Gesetzen beziehungsweise Vorschriften (zum Beispiel beim Übergang von informellen zu formellen Verfahren). Oder beteiligte Parteien bestehen auf der rechtlichen Klärung bestimmter Prozessschritte.

Chancen für die Verwaltung

Bürgerbeteiligung bietet der Verwaltung die Chance, sich weiterzuentwickeln. Der Wandel zur Beteiligungsgesellschaft ist unaufhaltsam und sorgt für Veränderungsdruck. Je früher und professioneller die Verwaltung darauf reagiert, desto zukunftsfähiger wird sie und desto mehr profitiert sie davon in ihrer unmittelbaren Arbeit.

Bürgerbeteiligung eröffnet der Verwaltung Chancen, denn sie …

- **fördert den Kultur- und Mentalitätswandel innerhalb der Verwaltung:** Der Wandel zur Beteiligungsgesellschaft führt dazu, dass auch die Verwaltung als Organisation sich in ihren Strukturen und Abläufen ändern muss. Das ist nur zu ihrem Vorteil, denn die einzelnen Abläufe werden offener, transparenter und flexibler, die Mitarbeiter in ihrer Arbeit motivierter und kreativer, auch wenn eine solche Entwicklung zunächst durchaus nachvollziehbare Ängste auslösen mag. In vielen Bereichen der Verwaltung greift Bürgerbeteiligung bereits vorhandenes Beteiligungsengagement auf und fördert es. Sie sorgt dafür, dass die Verwaltung als Gesamtorganisation sich öffnet und moderner wird. Die Verwaltung wird gezwungen, sich verständlicher zu machen und nach bürgerorientierten Lösungen zu suchen.

- **beschleunigt Verwaltungsabläufe und Verfahren:** Der direkte und frühe Kontakt zum Bürger hilft, dass Proteste oder Verfahren (wie zum Beispiel Volksentscheide und Klagen) Projekte und Abläufe weniger wahrscheinlich ausbremsen. Mit dem Bürger als (betroffenem) Partner lässt sich zielgerichteter und effizienter arbeiten.

- **hilft, Kosten zu minimieren:** Ein klassisches Vorurteil ist, dass Bürgerbeteiligung Projekte grundsätzlich verzögert und damit auch verteuert. Doch in der Regel ist das Gegenteil der Fall. Teure und zeitintensive Überplanungen können vermieden werden, wenn sie sich von vornherein an den tatsächlichen Interessen orientieren. Dort, wo auf den Bürger ausgerichtete Lösungen gefunden werden, sind Gelder sinnvoll investiert. Dort, wo mit dem Bürger schneller und effizienter auf bessere Ergebnisse hingearbeitet wird, spart die Verwaltung Geld.

Zwischenfazit: bessere Arbeitsergebnisse durch Beteiligung

Wie erfolgreich die Verwaltung ist, misst sich an der Qualität ihrer Arbeit. Und die wird von Bürgerbeteiligung positiv beeinflusst.

Chancen und Risiken

Bürgerbeteiligung eröffnet der Verwaltung Chancen, denn sie ...

- **ermöglicht Informationszuwachs:** Der Bürger, das sind Menschen mit Ausbildungen, Lebenserfahrungen und eigenem Fachwissen. Die Verwaltung profitiert davon, wenn sie dieses Wissen und diese Kompetenzen in Beteiligungsvorhaben nutzen kann. Besonders wertvoll ist das Alltagswissen derjenigen, die von bestimmten Projekten oder Plänen unmittelbar betroffen sind. Bürgerbeteiligung ist erlernbar – je früher, desto besser, wie dies mehrere Jugendprojekte gezeigt haben. Bürger kennen die Situation vor Ort wie kein Mitarbeiter in Verwaltung oder Politik und können ihr Wissen in Entscheidungen und Planungen einfließen lassen.

- **hilft, Beteiligungsungerechtigkeiten zu vermeiden:** Gute Beteiligung hat alle gesellschaftlichen Ebenen und Gruppen im Auge. Sie sorgt dafür, dass Teilhabe keine Frage der sozialen Zugehörigkeit ist. Dies geschieht jedoch nicht von allein: Um unterrepräsentierte Gruppen jenseits der gut situierten, informierten und ressourcenstarken Bürger anzusprechen, müssen niedrigschwellige Beteiligungsangebote gemacht werden. Eine zielgruppengerechte Ansprache trägt dazu bei, auch Gruppen wie Jugendliche und sozial Schwache einzubinden. Eine echte und aufrechte Bürgerkultur ermöglicht jedem, sich gesellschaftlich und politisch zu engagieren.

- **erhöht die Qualität und sorgt für bessere Lösungen:** Wenn Wissen und Kompetenzen von außen miteinfließen, kann die Verwaltung erfolgreicher arbeiten. Ihre Lösungen orientieren sich nah am Bürger und sorgen auf beiden Seiten für mehr Zufriedenheit.

- **erhöht die Akzeptanz von Entscheidungen:** Bürger, die schon früh in Prozesse und Entscheidungsfindungen eingebunden werden, sind viel eher willens, auch unliebsame beziehungsweise unpopuläre Entscheidungen mitzutragen. Das gemeinsame Herangehen ermöglicht zudem Kompromisslösungen, die es ohne Beteiligung so nicht gegeben hätte.

- **kann Verwaltung langfristig entlasten:** Haben Bürger die Möglichkeit, Projekte aktiv mitzugestalten, motiviert sie das für mehr bürgerschaftliches Engagement. Je mehr Verantwortung sie in Folge übernehmen, desto stärker wird die Verwaltung finanziell und personell entlastet. Am nachhaltigsten gelingt das durch verbindliche Kooperationen.

- **verbessert das Image von Verwaltung:** Eine offene, moderne und proaktive Verwaltung, die sich zudem noch flexibel zeigt, wird von den Bürgern positiv wahrgenommen und anerkannt. Wenn sie die Grenzen und Möglichkeiten ihres Handelns transparent macht, wird sie als Ganzes (be-)greifbarer und glaubwürdiger.

Risiken für die Verwaltung

Natürlich muss sich auch die Verwaltung auf Risiken einstellen, die mit Beteiligung verbunden sind. Einige davon ergeben sich grundsätzlich aus der Möglichkeit bürgerschaftlicher Teilhabe, andere durch schlecht gemachte Beteiligungsverfahren.

Bürgerbeteiligung birgt Risiken für die Verwaltung, denn sie ...

- **schränkt Macht und Kompetenzen ein:** Wer Handlungsmacht und Entscheidungskompetenz teilt, gibt auch ein Stück davon ab. Das ist der Kern jeder Form von Teilhabe. Bürgerbeteiligung ist deswegen aber nicht gleichbedeutend mit maßgeblichem Machtverlust. Was mitunter so formuliert wird, gründet eher auf der Sorge vor Kontrollverlust. Neue Freiheiten und mehr Flexibilität werfen nämlich die Frage auf, ob denn noch alles nach Recht und Ordnung läuft. Verwaltung, die hier rechtzeitig die Grenzen von Handlungsspielräumen festlegt, schafft Sicherheit für ihre Mitarbeiter.

- **führt zur Verzögerung von Verfahren:** Die Möglichkeit von Bürgern zu intervenieren kann vielschichtig sein und an mehreren Stellen ansetzen. Entscheidungen und Verfahren werden dadurch mitunter lange hinausgezögert. Prozesse, die ein größeres Konfliktpotenzial in sich tragen, sind ohne Beteiligung aber deshalb nicht gleich schneller oder konfliktfreier umzusetzen – das zeigt nicht zuletzt Stuttgart 21. Hier kommt es darauf an, sensibel und mit den richtigen Verfahren beziehungsweise Methoden Beteiligung zu ermöglichen.

- **erhöht Aufwand und Kosten:** Die Frage, ob Aufwand und Kosten ohne Bürgerbeteiligung geringer sind, ist rein theoretisch und vorab kaum zu beantworten. Niemand kann vor einem Prozess abschätzen, welche Einsprüche, Proteste oder andere Formen von Verzögerungen den Planern durch Beteiligung erspart bleiben. Ist ein Projekt wenig umstritten, kann Beteiligung dieses natürlich aufwendiger und teurer machen. Laufen Kosten und Zeit aber durch nachträgliche Proteste ins Uferlose oder werden langfristig entwickelte Lösungen komplett gekippt, stellt sich die Frage, wie viel davon man sich durch Beteiligung hätte ersparen können.

- **ist mit Qualitätsverlust verbunden:** Wenn jeder Laie mitreden darf, wo bleibt denn da die fachliche Qualität? Qualität ist eine Frage der Definition: Es geht heute nicht mehr

So gelingt Beteiligung:

10 Tipps für die Verwaltung

1. Machen Sie Bürgerbeteiligung zur Chefsache und binden Sie die Führungsebene operativ ein.
2. Entwickeln Sie zusammen mit Bürgern, Verwaltung und Politik ein »Leitbild Bürgerbeteiligung«.
3. Ermöglichen Sie der Verwaltung als »lernender Organisation« den Kulturwandel. Praktizieren Sie wichtige Elemente der Bürgerbeteiligung (ernst nehmen, transparent und offen informieren) auch innerhalb der Verwaltung.
4. Sorgen Sie für Kompetenzaufbau über alle Ebenen (Aus- und Fortbildung).
5. Halten Sie kontinuierlich Kontakt zur Politik. Fordern Sie notwendige Ressourcen ein (Finanzen, Personal) und stellen Sie diese auch zur Verfügung.
6. Ermöglichen Sie ämterübergreifenden Austausch und etablieren Sie Netzwerke.
7. Erweitern Sie Ihre Kompetenzen durch Expertenwissen, »Learning by Doing« in eigenen Projekten und durch Beteiligungserfahrungen Dritter.
8. Binden Sie – in enger Abstimmung und Kooperation mit Ihrer Pressestelle – die Medien ein und scheuen Sie nicht die Öffentlichkeit.
9. Evaluieren und dokumentieren Sie Ihre Projekterfahrungen.
10. Akzeptieren Sie Misserfolge. Sie haben sich gerade erst auf den Weg gemacht und lernen aus jeder Form von Erfahrung.

allein um die vorschriftsgemäße Gestaltung eines Spielplatzes streng nach amtlichen Vorgaben. Qualität entsteht dort, wo bedarfsgerechte Lösungen gefunden werden. Im Sinne von Bürgerbeteiligung ist eine gute Lösung also die, die bürgerorientiert entwickelt und umgesetzt wird. Die Rolle der professionellen Planer und Entwickler verändert sich dahin gehend, dass sie in der Zusammenarbeit mit den Bürgern die fachliche Qualität sichern.

- **trägt bei zu enttäuschten Erwartungen:** Der Weg hin zur Beteiligungsgesellschaft ist lang. Er ist ein Weg der kleinen Schritte. Weder Verwaltungsmitarbeiter noch Bürger können damit rechnen, ab morgen in einem völlig veränderten Umfeld zu arbeiten. Dazu kommt, dass selbst in einer geübten Partizipationskultur die Erwartungen sehr unterschiedlich sind. Um Enttäuschungen zu vermeiden, müssen sich alle Seiten über die Grenzen und Möglichkeiten von Beteiligung austauschen und sich gegenseitig informieren.

Risiken minimieren und Chancen erhöhen

Ungeachtet der Vielfalt an Beteiligungsmöglichkeiten gibt es zentrale Schlüsselfaktoren, die dazu beitragen, dass bürgerschaftliche Teilhabe gelingt. Hier fassen wir sie noch einmal kurz zusammen.

Zunächst einmal müssen die strukturellen Rahmenbedingungen stimmen beziehungsweise geschaffen werden – sowohl in der Politik als auch in der Verwaltung. Das setzt voraus, dass man es mit Beteiligung ernst meint. Scheinbeteiligung über vereinzelte Alibiprojekte ist ebenso leicht zu durchschauen wie eine Teilhabe, die sich zwar in schönen Worten wiederfindet, nicht aber in Taten. Natürlich muss – bevor es in die Umsetzung geht – der politische Wille zur Beteiligung klar kommuniziert und in der eigenen politischen Agenda angelegt sein.

Beteiligung kann schon zu einem frühen Zeitpunkt nachhaltig verankert werden, wenn parteiübergreifend dafür geworben wird. Eine Beteiligungskultur, die über Parteigrenzen und Legislaturperioden hinausreicht, ist vom ersten Moment an erkennbar bürgerorientiert. Ihre konsequente Umsetzung erfährt sie dadurch, dass die Politik die notwendigen gesetzlichen Rahmenbedingungen schafft, sich selbst für Beteiligung qualifiziert und auch die erforderlichen Ressourcen bereitstellt.

Zeichen setzen

Politik und Verwaltung setzen ihr deutlichstes Zeichen für eine neue Kultur der Teilhabe, wenn sie diese zur Chefsache machen. Sei es, dass Landesmütter und Landesväter Bürgerbeteiligung zum persönlichen Anliegen machen oder dass die Spitzen von Behörden und Verwaltung die Stabs- beziehungsweise Koordinationsstellen für Beteiligung direkt ihrer Führungsebene zuordnen. Diese Koordinationsstellen müssen fachbereichsübergreifend tätig sein können. Gemeinsam entwickelte Strategien weisen die Richtung. Der Wandel zu einer neuen Beteiligungskultur wird durch Maßnahmen zur Kompetenzentwicklung auf allen Ebenen gefördert. Auch hier braucht es ausreichende Ressourcen, um die Verwaltung auf einen neuen Kurs bringen zu können.

Chancen und Risiken – Stimmen aus der Praxis

Hildegard Zeck, Referatsleiterin, Niedersächsisches Ministerium für Ernährung, Landwirtschaft, Verbraucherschutz und Landesentwicklung, Hannover:

»Ohne **Beteiligung am neuen Landes-Raumordnungsprogramm** wären Bürger erst spät oder gar nicht auf die Planung von Großvorhaben aufmerksam geworden. Nun aber können sie sich frühzeitig damit auseinandersetzen und in den Planungsprozess einbringen.«

»Bei der Aufstellung des neuen Landes-Raumordnungsprogramms haben wir die Gemeinden und Bürgerinitiativen mit eingebunden. Dafür wurden alle Beteiligten direkt per E-Mail oder Brief informiert. Wenn man Bürger ›nur‹ über das Internet, Tageszeitungen oder Ministerialblatt-Veröffentlichungen informiert, besteht das Risiko, dass nicht alle Zielgruppen erreicht werden.«

Christoph Charlier, Abteilungsleiter Regierungsplanung, Staatskanzlei Rheinland-Pfalz:

»Wie gerecht ist Beteiligung? Kann mangelnde Beteiligungsgerechtigkeit ein Argument gegen mehr Bürgerbeteiligung sein? Das Gegenteil sollte der Fall sein. Alle Untersuchungen zeigen, dass der Bildungsstatus für soziales Engagement entscheidend ist. Die Schlussfolgerung lautet: Zugänge zu gesellschaftlichem Engagement unabhängig von Herkunft und Bildungsstand zu ermöglichen.«

»In Mainz versucht dies das Projekt ›**jungbewegt – Dein Einsatz zählt!**‹. Dort wird Kindern und Jugendlichen Anleitung und Möglichkeit zu gemeinnützigem Verhalten und zur Mitbestimmung gegeben. Erzieher versuchen daher – etwa in der Kita Holunderweg, wo 62 Prozent der Kinder einen Migrationshintergrund haben –, durch ganzheitliche Erziehung Selbstständigkeit und Sozialkompetenz zu fördern. Sich beteiligen und aktiv einbringen zu können, fördert die Persönlichkeitsentwicklung. Und wer in dem Bewusstsein aufwächst, dass Partizipation und freiwilliges Engagement etwas bewegen, der wird sich auch als Erwachsener eher dafür einsetzen.«

Sabine Antony, Stadtumbau und Quartiersmanagement, Amt für Stadtentwicklung Marzahn-Hellersdorf, Berlin:

»Wir haben die Bürger in unseren Stadtumbaumaßnahmen vor allem zu Fragen der **Nachnutzung von Abrissflächen und zur Ausgestaltung der Infrastruktureinrichtungen** beteiligt. Dadurch konnten wir eine zuvor sehr kritische Haltung in breite Zustimmung verwandeln, was auch in den Medien Anklang fand.«

»Ohne die Bürgerbeteiligung bei unseren Stadtumbaumaßnahmen hätte der erhebliche Fördermitteleinsatz leicht kontraproduktiv wirken können. Die Menschen wären wahrscheinlich vermehrt aus dem Stadtteil fortgezogen, statt ihn als Wohnort zu schätzen und sich mit seinen Veränderungen zu identifizieren.«

Chancen und Risiken

Reiner Kammeyer, Referatsleiter für Stadtteilangelegenheiten, Senatskanzlei Bremen:

»Beim Bremer **Projekt ›Zukunft Zentrum Vegesack‹** bestand das Risiko, dass sich nicht ausreichend Bürger aus dem Stadtteil beteiligen, um zu repräsentativen Ergebnissen kommen zu können. Dem haben wir gezielt versucht vorzubeugen – durch zahlreiche Bürgerversammlungen, mediale Begleitung und ein Online-Beteiligungsverfahren. Zusätzlich haben wir den Bürgern versprochen, alle Vorschläge auf ihre Umsetzbarkeit hin zu überprüfen und gegebenenfalls zu begründen, falls etwas nicht machbar wäre.«

»Durch die Beteiligung der Bürger beim Projekt ›Zukunft Zentrum Vegesack‹ waren nicht nur alle Interessierten bestens informiert, sondern es gab auch eine breite Zustimmung für die zukünftige Entwicklung des Stadtteils.«

»Hätten wir in Bremen das Projekt ›Zukunft Zentrum Vegesack‹ ohne Beteiligung gemacht, wäre es für die Bürger nicht möglich gewesen, einen Zusammenhang zwischen den einzelnen Entwicklungsschritten und Maßnahmen herzustellen.«

Monika Hanisch, Projektleiterin, Büro Stadtentwicklung Stadt Essen:

»Gemeinsam mit Bürgern haben wir das **Projekt ›Handlungskonzept zur Förderung der Anerkennungskultur in Essen‹** durchgeführt. Dadurch ließen sich Instrumente zur Anerkennung und Wertschätzung ehrenamtlichen Engagements entwickeln, die ganz eng auf die Bedürfnisse und das Selbstverständnis der Ehrenamtlichen ausgerichtet sind.«

»Ohne Beteiligung hätte das Konzept sicherlich schneller erstellt werden können. Es hätte dann aber auch mit der gleichen Sicherheit an Mitstreitern, Multiplikatoren und Unterstützern gefehlt, die es zur Umsetzung des Konzeptes braucht.«

»Das Projekt ›Handlungskonzept zur Förderung der Anerkennungskultur in Essen‹ war mit dem Risiko verbunden, dass das Verfahren zu einem ›Wunschkonzert‹ ausartet. Wir konnten das vermeiden, indem wir den Beteiligungsauftrag klar formuliert haben und die Bürger nun gemeinsam mit allen Akteuren an der Umsetzung mitwirken.«

Kerstin Hähnel, Referatsleiterin, Senatsverwaltung für Gesundheit, Umwelt und Verbraucherschutz, Berlin:

»Die Senatsverwaltung setzt bei der Umsetzung der europäischen Wasserrahmenrichtlinie und der **Richtlinie für Hochwasserrisikomanagement** auf eine aktive Öffentlichkeitsbeteiligung. Dadurch erreichen wir nicht nur, das Bewusstsein der Menschen für Umweltbelange zu stärken, wir können nun auch die Anliegen und Wertvorstellungen der Bürger in den Planungsprozessen berücksichtigen.«

»Mit einer Beteiligung der Öffentlichkeit jeweils vor Ort wächst die Identifikation und Verantwortungsbereitschaft für den öffentlichen Raum und die Gewässer. Daraus kann sich neues Bürgerengagement entwickeln.«

»Durch eine aktive Bürgerbeteiligung im Vorfeld von Zulassungsverfahren stärken wir die Vertrauensbasis zwischen Öffentlichkeit und Behörde. In Folge erhöht sich auch die Dialog- und Konsensbereitschaft auf beiden Seiten.«

Chancen und Risiken

Fredi Holz, Referatsleiter, Sächsische Staatskanzlei, Dresden:

»Ohne die Bürgerbeteiligung im Projekt ›**Bürgerkompass Sachsen**‹ hätten wir nicht erfahren, welchen Nutzen uns diese neue Form von Partizipation bringt und wie viele wertvolle Hinweise wir von den Bürgern dadurch erhalten.«

»Durch die Bürgerbeteiligung in unserem Projekt ›Bürgerkompass Sachsen‹ konnten wir erreichen, dass die Teilnehmer mehr Verständnis für die Abläufe politischer Entscheidungsprozesse entwickelt haben.«

Dr. Markus Grünewald, Ministerialrat, stellvertretender Kommunalabteilungsleiter, Ministerium für Infrastruktur und Landwirtschaft des Landes Brandenburg, Potsdam:

»Wir haben in Potsdam ein **Beteiligungsverfahren zur Standortwahl für ein Schwimmbad** durchgeführt. Dadurch ließ sich ein jahrelanger politischer Streit endlich zu Ende bringen. Die große Beteiligung und das klare Votum für den Standort ›Brauhausberg‹ haben gezeigt, dass wir damit eine Lösung ganz im Sinne der Bürger erzielt haben.«

»Eine Bürgerbefragung zur Standortwahl für ein Schwimmbad in Potsdam drohte an Verfahrensfragen zu scheitern. Wir haben dieses Risiko minimiert, indem die Stadtverordnetenversammlung eine Einwohnerbeteiligungssatzung beschloss, die allgemeine Regelungen zur Bürgerbeteiligung enthält.«

»Ohne Bürgerbeteiligung hätte sich die Standortsuche für ein geplantes Schwimmbad in Potsdam deutlich verzögert. Ein schon seit Jahren andauernder Streit in der Stadtverordnetenversammlung wäre dann sicherlich auch eskaliert.«

Burkhard Horn, Referatsleiter, Verkehrspolitik/Verkehrsentwicklungsplanung, Senatsverwaltung für Stadtentwicklung und Umwelt, Berlin:

»In unserem **Projekt ›Stadtentwicklungsplan Verkehr 2025‹** bestand das Risiko, dass wir keinen stadtgesellschaftlichen Konsens zu den zentralen Zielen und Strategien der Berliner Verkehrspolitik erzielen würden. Hintergrund ist, dass die Diskussion um Verkehrspolitik zumeist auf Einzelinteressen ausgerichtet ist.«

»Zahlreiche Ergebnisse und Beiträge des runden Tisches haben zur qualitativen Verbesserung des Stadtentwicklungsplans Verkehr beigetragen. Besonders bemerkenswert – und auch kennzeichnend für die Nachhaltigkeit des erreichten Konsenses – ist der Umstand, dass der Stadtentwicklungsplan Verkehr über den Regierungswechsel im Herbst 2011 hinaus die Grundlage der verkehrspolitischen Strategien des Berliner Senats bildet.«

»Wir haben dieses Risiko durch einen intensiven, zweijährigen Stakeholder-Prozess minimiert. Alle für das Thema ›Verkehr‹ und ›Mobilität‹ relevanten Gruppen und Verbände sind mit der Politik am ›Runden Tisch Verkehr‹ zusammengekommen und haben gemeinsam den neuen Stadtentwicklungsplan erarbeitet. Dessen Leitbild und Ziele konnten schließlich im Konsens verabschiedet werden. Sie bilden den Kern des Senatsbeschlusses zum Stadtentwicklungsplan Verkehr im März 2011.«

Die Vielfalt partizipativer Demokratie

Interview mit Malu Dreyer, Ministerpräsidentin des Landes Rheinland-Pfalz

Frau Dreyer, mehr Bürgerbeteiligung zu wagen, haben sich viele Politiker vorgenommen. Was ist Ihr persönlicher Beweggrund?
Wir brauchen sozialen Optimismus und ein Mehr an Miteinander, um gemeinschaftliche Fragen zum Wohle des Ganzen lösen zu können. Dabei müssen wir auch neue Formen der Zusammenarbeit von Bürger und Staat finden. Ich bin der Überzeugung, dass die klassische parlamentarische Demokratie gut um Elemente der direkten Demokratie ergänzt werden kann. Zwischen der repräsentativen und der direkten Demokratie gibt es ein breites Feld und vielfältige Möglichkeiten für mehr Transparenz, Dialog und Bürgerbeteiligung. Wir haben mit den neuen Formen der partizipativen Demokratie bereits sehr gute Erfahrungen gemacht. Mein Ziel ist es, dass wieder mehr Menschen zur Wahl gehen und politische Entscheidungen mehr Legitimität erhalten.

Woher nehmen Sie den Optimismus, dass Ihr Wunsch nach mehr Bürgerengagement auf offene Ohren stoßen wird?
Ein Drittel der Bürgerinnen und Bürger in Deutschland engagiert sich bereits. Ein weiteres Drittel wäre bereit, sich zu engagieren. Dieses Engagement ist durchaus stabil, denn wir beobachten es bereits seit zehn Jahren und die Tendenz ist steigend. In Rheinland-Pfalz sind 41 Prozent der Bürgerinnen und Bürger ehrenamtlich aktiv. Was mich besonders freut, ist, dass wir damit im bundesweiten Vergleich zusammen mit Baden-Württemberg und Niedersachsen auf Platz 1 liegen.

Haben Sie konkrete Pläne, um diesen Engagement-Schatz zu heben?
Die Gruppe, die beim ehrenamtlichen Engagement am stärksten wächst, sind die älteren Menschen. Die 65- bis 85-Jährigen fühlen sich im Durchschnitt zehn Jahre jünger, als es ihrem tatsächlichen Lebensalter entspricht. Sie wollen ihr selbstbestimmtes Leben möglichst lebenslang beibehalten. Dazu gehört auch gesellschaftliches Engagement. 45 Prozent dieser Altersgruppe sind bereits aktiv und ein Fünftel kann sich vorstellen, dies künftig zu sein. Jeder Vierte der bereits Engagierten kann sich aber noch vorstellen, sein Engagement auszuweiten. Hier will ich ansetzen.

Wie wollen Sie diese Gruppe der Senioren ansprechen?
Ich habe in Rheinland-Pfalz die Initiative »Ich bin dabei!« gestartet. An 18 Standorten im Land bieten wir für Seniorengruppen mit einer Größe von 20 bis 30 Personen professionelle Schulung und Beratung für ihr Projekt an. Wichtig ist, dass die Seniorinnen und Senioren das Thema ihres Engagements selbst auswählen. Der Beitrag des Landes besteht in der Bereitstellung einer »Projekte-Werkstatt«, die kontinuierlich ein Jahr lang professionell beratend und impulsgebend arbeitet. Ich habe einen persönlichen Beauftragten für das Ehrenamt gefunden, der sich ausschließlich dieser Aufgabe widmet.

(Das Interview führte Christoph Charlier.)

Kapitel 3

Mentalitäts- und Kulturwandel in der Verwaltung

Warum Behörde nicht für Beteiligung gemacht ist, sie aber trotzdem meistert

Bürgerbeteiligung ist schon heute nicht mehr nur Thema für einzelne Mitarbeiter im kommunalen Grünflächenamt oder in der Landesbehörde für Straßenbau und Verkehr. Die Möglichkeit von Bürgern, auf Vorhaben und Planungen Einfluss zu nehmen, hat sich in den letzten Jahren geradezu viral verbreitet. Bürgerbeteiligung geht quer durch alle Fachbereiche und über alle Schreibtische.

Dass einzelne Stellen in der Verwaltung bereits darin geübt sind, Menschen vor Ort an bestimmten Vorhaben zu beteiligen, steht außer Frage. Bisher hat dies jedoch in der Regel ausschließlich projektbezogenen Charakter. Steht eine neue Autobahntrasse zur Diskussion, wird Beteiligung in der betroffenen Region neu gedacht und geplant. Soll ein neuer Park angelegt werden, wird Beteiligung im betroffenen Viertel neu gedacht und geplant.

Was Verwaltung als organisatorisches Ganzes betrifft, so steckt bürgerschaftliche Teilhabe dagegen noch in ihren Kinderschuhen. Das ist verständlich, schließlich ist Beteiligung traditionell nicht im Denken und Handeln von Verwaltung verwurzelt. Was fehlt, ist eine etablierte Beteiligungskultur. Was fehlt, das sind Strukturen, an denen sich Beteiligungskultur auch nachhaltig verankern lässt.

Behörden: Nicht für Beteiligung erdacht

Ministerien, Behörden und Ämter sind ihren Ursprüngen nach nicht auf Bürgerbeteiligung eingestellt. Von diesem Faktum muss ausgehen, wer die Politik und Verwaltung für Bürgerbeteiligung öffnen will. Warum der Aufstieg des Bürgers vom Adressaten zum Partner so schwierig ist, erklärt sich aus der deutschen Verwaltungstradition, die in erster Linie auf Rechtskonformität und nachvollziehbare bürokratische Abläufe abzielte. Sie ist kennzeichnend für das Leitbild der Ordnungskommune, die in ihrer (näherungsweisen) Reinform immerhin bis etwa Mitte der 1980er-Jahre existierte. Sie steckt aber auch noch in vielen Mentalitäten und Verfahren der Dienstleistungskommune von heute.

Die Unterschiede zwischen bürokratischer Verwaltungskultur und einer den Bürger beteiligenden Verwaltung von morgen sind ebenso vielfältig wie fundamental: An die Stelle standardisierter und vorgeschriebener Abläufe tritt eine flexible und individualisierte Lösungssuche. Diese orientiert sich dann auch noch eng am Bürger und ist in ihrer Umsetzung nicht darauf ausgerichtet, starren Verfahrenswegen zu folgen. Der Erfolg von Verwaltungstätigkeit misst sich also nicht mehr nur daran, ob die Verwaltung recht- beziehungsweise vorschriftsmäßig gehandelt hat. Was zählt, sind Wirkung und Ergebnis.

Frontalangriff auf die Verwaltung?

Der fortschreitende Abschied von einer primär bürokratischen Verwaltungskultur und -struktur hat tief greifende Konsequenzen. Verwaltungsmitarbeiter müssen eigenständiger arbeiten, können flexibler entscheiden und sollen situationsorientiert nach Lösungen suchen. Das verspricht zwar bessere Ergebnisse, verunsichert aber auch. Mit einem Mal fehlt der sichere Rahmen, den standardisierte Verfahren bisher gebildet hatten. Stete Abläufe weichen stetigem Wandel. Neues tritt an die Stelle von Bewährtem – und das erzeugt Unsicherheit und weckt Vorbehalte.

Mentalitäts- und Kulturwandel in der Verwaltung

Größere Wirkung als die strukturellen Veränderungen zeigt allerdings der Aufstieg des Bürgers vom reinen Adressaten der Ordnungsmacht der Verwaltung zum Partner. Bürger auf Augenhöhe stellen alte Vorstellungen von der per se überlegenen Fachlichkeit und Kompetenz der Verwaltung infrage. So wird es zumindest subjektiv wahrgenommen. Damit verknüpft ist ein Empfinden von Kontroll- und Machtverlust. Mitarbeiter in der Verwaltung können sich in ihrer Tätigkeit und ihrem Selbstverständnis bedroht fühlen. Für viele kommt der Wunsch der Bürger nach Teilhabe einem Frontalangriff auf die öffentliche Verwaltung gleich. Manchem erscheint er gar als das Ende der repräsentativen Demokratie.

Diese abwehrende Haltung muss als Faktum ernst genommen werden, denn sie hat enormes Verhinderungspotenzial. Die nachfolgende Liste zeigt typische Einwände und Bedenken der Verwaltung gegen Bürgerbeteiligung. Einige der Punkte begegneten Ihnen bereits im Kapitel »Chancen und Risiken«.

Bedenken gegen Bürgerbeteiligung:

- Bürger sind nicht kompetent genug, um mitzuentscheiden.
- Die Qualität der Verwaltungsprodukte leidet.
- Bewährte Abläufe und geordnete Verwaltungsstrukturen werden gestört.
- Bürgerbeteiligung macht das Ergebnis von Entscheidungsprozessen unvorhersehbar.
- Bürgerbeteiligung verringert die Planungssicherheit.
- Bürgerbeteiligung erhöht Verwaltungsaufwand und Kosten.
- Es gibt bereits Gremien bürgerschaftlicher Teilhabe (Stadt- und Gemeinderäte etc.). Sie werden in ihrer Funktion ausgehebelt.
- Diejenigen, die sich beteiligen und Veränderungen bewirken wollen, sind nicht repräsentativ. Es geht ihnen – anders als der Verwaltung – nicht um das Gemeinwohl, sondern um ihre Partikularinteressen.

Mentalitäts- und Kulturwandel in der Verwaltung

Warum Strategien und Methoden nicht reichen

Zu Zeiten der Ordnungskommune konnten bürokratische Strukturen ihre Wirkung entfalten. Heute sind sie weder zeitgemäß noch dafür geeignet, Veränderungsprozesse in Gang zu setzen oder zu fördern. Kultureller Wandel lässt sich weder systematisch durchexerzieren noch verordnen. Kultureller Wandel liegt auch nicht in der Zuständigkeit einzelner Hierarchieebenen oder Fachbereiche. Mit strukturellen Änderungen auf der Organisationsebene ist es also nicht getan. Es braucht eine veränderte Organisationskultur – einen Wandel von Normen, Werten und persönlichen Haltungen.

Die Kraft von Kultur

Verwaltung hat ihre eigene Kultur. Diese beschreibt, wie sich die öffentliche Verwaltung als Organisation versteht und wodurch das Handeln und Denken ihrer Mitarbeiter geprägt ist. Der kulturelle Teil von Verwaltung ist nicht in ihren Arbeitsabläufen, Regeln oder sonstigen Organisationsstrukturen zu finden. Er liegt im Verborgenen und wird sowohl durch institutionelle Normen und Werte bestimmt als auch durch die persönlichen Haltungen und Wertvorstellungen der Mitarbeiter.

Ebenso wie jeder von uns nur schwer gegen seine Überzeugungen handeln kann, kann auch die Verwaltung nicht gegen ihr bestehendes Selbstverständnis anarbeiten. Organisationskultur ist damit eine entscheidende Kraft bei jeder Form von Veränderung. Das gilt in beide Richtungen: Kulturelle Aspekte können Dinge ebenso wirksam vorantreiben wie auch blockieren. Der Wandel zur Bürgerbeteiligung kann deshalb nur gelingen, wenn Veränderungen auf der strukturellen Ebene mit einem grundsätzlichen Mentalitäts- und Kulturwandel einhergehen. Dass ein solcher Wandel notwendig ist, steht außer Frage. Die in der öffentlichen Verwaltung vorherrschende Kultur passt teilweise nicht zu dem, was Bürger an Teilhabe und Mitwirkungsmöglichkeiten einfordern.

Den Wandel strategisch vollziehen

Veränderungsprozesse verlangen nach strategischer Herangehensweise. Das gilt besonders dort, wo gesellschaftliche Veränderungen auf bestehende Strukturen, Arbeitsweisen und etablierte Organisationskulturen treffen – wie eben im Fall von Bürgerbeteiligung, die gesellschaftlich eingefordert wird und organisatorisch von der Verwaltung umgesetzt werden soll.

Wie aber lassen sich grundlegende Werte, jahrzehntelang gelebte Normen und persönliche Haltungen ändern? Schließen sich strategisches Vorgehen und Kulturwandel nicht aus? Ist Strategie nicht nur etwas für die strukturelle Ebene?

Im Gegenteil: Eine gute Strategie hat immer auch die organisationseigenen Werte, Haltungen und Visionen im Auge. Weder Mitarbeiter noch die öffentliche Verwaltung als Ganzes sollen radikal umgepolt werden. Es geht vielmehr darum, die Verwaltungskultur langfristig und planvoll auf neue Anforderungen und Zielsetzungen auszurichten.

Kulturwandel lässt sich zwar nicht systematisch planen, wohl aber strategisch. Und weil es weder Patentrezepte noch Königswege gibt, müssen viele der strategischen Schritte individuell entwickelt und gegangen werden. Soll der Wandel erfolgreich gelingen, sind weitere Schritte notwendig. Einer dieser Schritte ist der zugleich erste und wichtigste im Veränderungsprozess überhaupt: Veränderung zu legitimieren.

Den Wandel legitimieren

Der wahre Motor von Veränderung ist Einsicht – und zwar die Einsicht, dass anstehende Veränderungen notwendig und nützlich sind. Neues, das nur verordnet wird, stößt auf Widerstand. Diese Erkenntnis selbst ist alles andere als neu. Doch gerade wenn es darum geht, eine ganze Organisationskultur neu auszurichten, bedarf es hierauf eines besonderen Augenmerkes.

Werden die Notwendigkeit und der Nutzen von Wandel nicht transparent gemacht und kommuniziert, fehlt es dem gesamten Prozess bereits ab dem ersten Tag an Akzeptanz. Dass grundsätzlicher Veränderungsdruck besteht, liegt für jeden Vertreter aus Politik oder Verwaltung auf der Hand. In Zeiten, in denen Schulreformen durch Volksentscheide gekippt werden oder Planungsvorhaben wie Stuttgart 21 massive Widerstände in der Bevölkerung auslösen, ist der Druck für jedermann spürbar und sichtbar. Und er nimmt zu.

Den Wandel leben und erproben

Der Antrieb zum Wandel entstammt nicht allein der Bürgerschaft. Er kommt auch aus der Verwaltung selbst. Dort, wo Fachabteilungen oder einzelne Mitarbeiter positive Erfahrungen mit Beteiligung machen, wächst der Drang nach einer einheitlichen Beteiligungskultur. Die vorhandene – und wachsende – Beteiligungspraxis kann dabei mehr erreichen als jedes Fortbildungsseminar, als jeder Change-Management-Berater oder auch als Handbücher wie das vorliegende.

Wirklicher kultureller Wandel beginnt erst in dem Moment, in dem er auch gelebt wird. Solange sich Veränderungswissen nur in den Köpfen befindet und nicht praktisch umgesetzt wird, findet keine Veränderung statt. Mitarbeiter in der Verwaltung müssen die Gelegenheit erhalten, den großen Wandel im Kleinen zu erproben. Das schafft einen notwendigen Erfahrungsschatz, sorgt für positive Erlebnisse und hat letztlich erst das Potenzial, Werte und Normen zu verändern.

Nutzen einer neuen Beteiligungskultur

Selbst dort, wo sich der Veränderungsdruck am Planungstisch oder im direkten Gegenüber mit dem Bürger konkretisiert, sehen viele keinen unmittelbaren Anlass, die eigenen Einstellungen oder das eigene Handeln infrage zu stellen. Noch seltener werden die Regeln und Abläufe hinterfragt. Für den Wandel der öffentlichen Verwaltung ist es daher wichtig, Nutzen und Notwendigkeit einer neuen Beteiligungskultur konkret zu benennen. Die folgende Übersicht fasst die wichtigsten Punkte zusammen.

Eine neue Kultur der Bürgerbeteiligung …

- macht aus Dienstleistungsempfängern und -gebern Partner auf Augenhöhe, die zwar unterschiedliche Kompetenzen haben, aber gemeinsam nach Lösungen suchen.
- stärkt das Vertrauen zwischen Bürgern und Verwaltungsmitarbeitern sowie das Vertrauen der Bürger in die Behörde als Institution.
- erhöht das Verständnis für individuelle Interessen, Bedürfnisse und Bedarfe sowie institutionelle Möglichkeiten und Grenzen.
- stärkt das Gefühl, in die gleiche Richtung zu arbeiten und grundsätzlich an einem Strang zu ziehen.
- fördert den Respekt für die Leistungen aller Beteiligten.
- führt zu einem offeneren und konstruktiveren Umgang mit Druck- und Konfliktsituationen.
- erhöht die Akzeptanz gegenüber endgültigen – auch unpopulären – Entscheidungen.
- verbessert grundsätzlich das Verhältnis zwischen Bürger und Staat, weil die Bürger sich in ihrem Anliegen gehört und ernst genommen fühlen.
- erhöht die Chance auf zufriedenstellende und qualitativ bessere Lösungen, da mehr Beteiligte ihre Ideen und Kompetenzen miteinbringen.
- spart langfristig Zeit und Kosten, da Vorhaben motivierter, lösungsorientierter und bedarfsgerechter umgesetzt werden.
- fördert das bürgerschaftliche Engagement.

Wandel braucht Zeit

Veränderung lässt sich weder durch Anordnungen beschleunigen noch durch Fortbildungen erlernen. Der Wandel einer Organisationskultur ist auch kein Prozess, der sich an jeder Stelle gleichermaßen vorantreiben oder steuern lässt. Er dauert umso länger, je stärker er auf die Veränderung kultureller Aspekte – wie eben persönliche und institutionelle Normen oder Werte – abzielt. Ein genauer Zeitrahmen für einen Kultur- und Mentalitätswandel in der Verwaltung ist nur schwer abzustecken. Er bemisst sich nicht in Jahren, sondern Jahrzehnten.

Die eigene Verwaltung darauf auszurichten, dass Bürgerbeteiligung zum selbstverständlichen und integralen Bestandteil von Planungs- und Entscheidungsprozessen wird, ist somit keine Aufgabe für eine Wahlperiode. Kulturwandel muss zeitlich und in der Sache über mehrere politische Farbwechsel hinausreichen können. Das gelingt am besten, wenn Führungsspitze und Entscheider den Wandel so früh wie möglich strukturell verankern.

Beteiligungskultur verankern

Bürgerbeteiligung muss so verankert werden, dass sie zu einem selbstverständlich gelebten Bestandteil des Denkens und Handelns in Politik und Verwaltung wird. Damit das gelingt, braucht es unterschiedliche Voraussetzungen.

Wandel braucht Vorbild und Führung

»Bürgerbeteiligung ist Chefsache.« Was ebenso häufig wie leicht dahingesagt wird, manifestiert sich in einer eindeutigen Haltung der Verwaltungsspitze zum Thema »Teilhabe«. Dabei muss sich die Führungsebene nicht nur gegenüber Mitarbeitern, Medien und Öffentlichkeit für Beteiligung aussprechen, sondern Beteiligung auch konsequent in- und extern umsetzen.

Eine beteiligungsorientierte Führungskultur ermöglicht den Verwaltungsmitarbeitern das gleiche Maß an Transparenz, Kommunikation und Teilhabemöglichkeit, wie es für gute Bürgerbeteiligung selbst kennzeichnend ist. Darüber hinaus fordert und fördert die Führungsspitze Bürgerbeteiligung an jeder Stelle.

Wandel braucht jeden

Verwaltung kann sich nur als Ganzes glaubhaft zu Bürgerbeteiligung bekennen. Ein bisschen Teilhabe hier oder etwas Mitwirkung dort machen noch keine nachhaltige Beteiligungskultur. Einzelne Beteiligungsprojekte helfen zwar, Teilhabe zu erproben; doch bilden sie keine Grundlage für einen umfassenden Mentalitäts- und Kulturwandel in der Verwaltung. Den kann es nur geben, wenn sich wirklich alle dafür wichtigen Dezernate und Handlungsfelder beteiligen.

Ebenen- und fachübergreifende Arbeitsgruppen stellen sicher, dass jeder Bereich und jeder Mitarbeiter in den Veränderungsprozess eingebunden ist. Das schafft nicht nur eine gemeinsame Identität, sondern beugt auch Rückschlägen und Stillstand vor. Liegt Wandel nämlich nur in der Verantwortung Einzelner, kommt er schnell zum Stillstand. In dem Moment, in dem die Motoren des Wandels durch Krankheit, Stellenwechsel oder andere berufliche Aufgaben ausfallen, ist dann niemand da, der die Lücke füllt.

Wichtige Unterstützer einer neuen Beteiligungskultur sitzen in der Politik. Sie gilt es zu aktivieren und mitzunehmen – und zwar nicht allein durch Strategiepapiere oder Argumente. Wirken Politiker selbst an Teilhabeprojekten mit, muss man bei Schwierigkeiten und Hürden nicht erst um deren Verständnis werben. Mehr aber noch trägt die eigene Rolle von Politikern in Beteiligungsverfahren dazu bei, sich für Teilhabe zu begeistern. Die Erfahrung zeigt: Politiker, die die Wirksamkeit, die Vorteile und Erfolge von Bürgerbeteiligung selbst erleben, werden zu Fürsprechern.

Abbildung 2: Beteiligungskultur

Wandel braucht Vertrauen

Vertrauen bildet die wichtigste Grundlage für Innovation und Wandel. Vertrauen ist aber auch genau das, was bereits zu Beginn eines Veränderungsprozesses arg auf die Probe gestellt wird. Verständlich, denn selbst wenn Bürgerbeteiligung als notwendig und sinnvoll erachtet wird, stellen damit verbundene Veränderungen die bestehenden Strukturen und Abläufe erst einmal infrage.

Und das verunsichert. Wer gewohntes Terrain verlässt, hat zunächst nur wenig Halt und Orientierung. Beides lässt sich jedoch wiederherstellen: Klare Regeln und Abläufe geben

Halt. Gemeinsam vereinbarte Leitsätze, Ziele und Normen weisen die Richtung. Führungskräfte, die Beteiligung aufrichtig vorleben, vermitteln Rückhalt und Sicherheit. Mitarbeiter, die auf diese Weise Vertrauen in den Wandel gewinnen, fühlen sich auch motiviert, ihn aktiv, kreativ und eigenständig mitzugestalten.

Was das Vertrauen fördert:

- Die Führung kennt sich im Thema aus, lebt Beteiligung vor, ist dafür ansprechbar und hält gegebenenfalls den Mitarbeitern den Rücken frei.
- Konsistentes Verhalten: Handeln stimmt mit dem überein, was gesagt wird.
- Transparente Abläufe und offene Kommunikation.
- Werte, Ziele und Visionen sind klar formuliert.
- Gemeinsam entwickelte Spielregeln werden von allen eingehalten.
- Rollen und Aufgaben sind klar verteilt.
- Ziele sind realistisch gefasst.
- Fairer und respektvoller Umgang in Konfliktsituationen.
- Freiraum für eigenständige Entscheidungen und eigenverantwortliches Handeln.
- Möglichkeit, Neues auch praktisch zu erproben.
- Möglichkeit, sich zu beteiligen und auch persönlich zu entwickeln.
- Kultur, in der Fehler als Beitrag zur Verbesserung gelten.
- Wertschätzender Umgang mit Menschen, Ideen, Leistungen und Erfolgen.

Praxisbeispiel Baden-Württemberg

Mehr Bürgerbeteiligung im Land

Wie lassen sich die Landespolitik und Landesverwaltung für neue Formen der Bürgerbeteiligung öffnen? Was kann ein Bundesland tun, um zu einer neuen Beteiligungskultur zu gelangen? Am Anfang steht ein klarer politischer Wille – idealerweise gefolgt von Taten.

In Baden-Württemberg ist es die »Politik des Gehörtwerdens«, die seit 2012 für eine neue Ära der Beteiligung stehen soll. Erstes sichtbares Zeichen dieser Politik ist die **»Allianz für Beteiligung«**, ein landesweites Netzwerk, das die Landesregierung initiiert hat. Als unabhängiger und selbsttragender Verbund von kommunalen Spitzenverbänden, Stiftungen, Wissenschaft sowie der Landesnetzwerke »Bürgerschaftliches Engagement« und »Erneuerbare Energien« soll es das Thema »Bürgerbeteiligung und Zivlgesellschaft« im Land verankern helfen.

Die Allianz versteht sich als **Forum des Austauschs**, in dem die Partner erfolgreiche Praxisbeispiele präsentieren und gemeinsam neue Wege der Beteiligung entwickeln. Neben den klassischen Bereichen Ehrenamt, Selbsthilfe und Bürgerengagement steht die politische Teilhabe der Bürger im Vordergrund.

Das Netzwerk ist aber nur ein Teil eines größeren »Fahrplans Beteiligung«, den sich das Land Baden-Württemberg selbst gegeben hat. Ein weiterer Punkt sieht **Reformen der Gesetzgebungsprozesse** zu demokratischen Rechten vor. Das umfasst Themen wie Volksabstimmung oder Informationsfreiheitsgesetz. Bevor es hier zu Veränderungen kommt, soll den Landesbehörden schon ein **»Leitfaden für neue Planungs- und Beteiligungskultur«** zur Verfügung stehen. Darin werden Behördenmitarbeiter praktisch darin angeleitet, wie sie Beteiligungsverfahren auch im Rahmen bestehender Gesetze durchführen können.

Ein weiterer Punkt des Fahrplans der Landesregierung sieht **Reformen in der Beamtenausbildung und -weiterbildung** vor. Sowohl Führungsakademien als auch Verwaltungshochschulen sollen mit dem Schwerpunkt Bürgerbeteiligung umgebaut werden. Die ersten Schritte beinhalten ebenso ein Programm für kommunale Beteiligungslotsen wie auch eine Weiterbildung zu Mediationsverfahren.

Die Bürger selbst will die Landesregierung mit einer **Bürgerbeteiligungsplattform im Internet** zur politischen Teilhabe motivieren. Im ersten Monat nach deren Start haben bereits 4.000 Menschen circa 40.000 Bewertungen und Kommentare zum Thema »Energie und Klimaschutz« hinterlassen. Auch wenn Baden-Württembergs Umweltminister Franz Ulmer in der Plattform eher eine »innovative Form der Politikberatung« sieht, so ermöglichen Beteiligungsformen wie diese doch, dass Bürger ebenso frühzeitig wie niedrigschwellig an Informationen kommen.

Praxisbeispiel Essen

Auf dem Weg zur Bürgerkommune

Seit 2003 entwickelt sich die Ruhrgebietsmetropole Essen zur Bürgerkommune. Die Themen »Bürgerbeteiligung«, »Engagementförderung« und »unternehmerisches Engagement« der Stadt Essen werden seitdem systematisch unter dem übergeordneten Handlungsfeld »Essen auf dem Weg zur Bürgerkommune« bearbeitet. Eines der zentralen Ziele auf dem Weg zur Bürgerkommune besteht darin, Beteiligung in der Verwaltung zu systematisieren und zu etablieren.

Schnittstelle für Bürgerbeteiligung und Engagementförderung ist mittlerweile eine Stabsstelle, die dem Oberbürgermeister unmittelbar zugeordnet ist. Als **zentrale Koordinierungs- und Servicestelle** im Handlungsfeld »Essen.engagiert« im Rahmen der Strategie »Essen.2030« sichert sie den Informationsaustausch zwischen den Fachbereichen. Sie schafft systematische Strukturen für Kooperation und Vernetzung und bearbeitet eigene Fachkonzepte und Projekte.

Gefordert sind jedoch alle: Jeder Fachbereich der Essener Verwaltung ist verantwortlich für die Planung und Umsetzung der eigenen Beteiligungsmaßnahmen. Grundlegende **Standards und Arbeitshilfen** für Bürgerbeteiligung werden in **geschäfts- und fachbereichsübergreifenden Arbeitsgruppen** gemeinschaftlich entwickelt.

Mitarbeiter können im Intranet auf **Informationen, Arbeitshilfen und Fortbildungsangebote** zum Thema »Beteiligung« zugreifen. Alle Informationen und Angebote der Fachbereiche zu Bürgerbeteiligung und Engagementförderung sind zudem im **Internetservice Bürgerengagement** zusammengestellt. Zu den verpflichtenden Personalentwicklungsmaßnahmen gehören **Führungsfortbildungen**, die Partizipation und Engagementförderung zum festen Bestandteil von Führungskultur machen sollen. Neben dem allgemeinen Austausch zum Status quo des Handlungsfeldes Bürgerkommune bieten die Fortbildungen auch Raum für intensive Diskussionen.

Zu den Erfolgsfaktoren für die sich in Essen entwickelnde Beteiligungskultur zählen die langfristige, systematische Bearbeitung des Themas »Bürgerbeteiligung«, die unterschiedlichen inhaltlichen Bausteine (zum Beispiel Führungskräftefortbildung, Information und Öffentlichkeitsarbeit, Internetservice Bürgerengagement, Grundsätze der Bürgerbeteiligung, Arbeitshilfen Bürgerbeteiligung) sowie die Einbeziehung aller Fachbereiche in die Entwicklung dieser Bausteine. Die breite Einbindung vermindert das Risiko einer institutionellen oder persönlichen Überforderung. Schlussendlich hat sich auch die **Einbeziehung der Politik** in konkrete Vorhaben als klarer Erfolgsfaktor erwiesen.

Kapitel 4
Kompetenzerwerb

Warum es gar nicht so doof ist, wenn man sich schlaumacht

Bürgerbeteiligung ist keine Aufgabe, die sich nebenbei erledigen lässt. Das gilt für einzelne Beteiligungsverfahren wie auch für die grundsätzliche Entwicklung von Bürgerbeteiligung. Verwaltung, die die Menschen teilhaben lassen will, muss sich die dafür erforderlichen Kompetenzen zunächst aneignen. Das beinhaltet sowohl das theoretische Wissen als auch die Fähigkeit, dieses Wissen in der Praxis anzuwenden. Sprechen wir nachfolgend von Beteiligungskompetenz, ist also immer beides gemeint: Partizipationswissen und Umsetzungskompetenz. Zur Entwicklung dieser Kompetenz bedarf es ausreichender personeller und finanzieller Ressourcen.

Neue Rolle von Behörden

Behörden handeln nach Vorgaben. Diese Vorgaben sind klar definiert. Was ein einzelner Mitarbeiter tut, ist häufig eng abgesteckt. Es ergibt sich aus seiner konkreten Aufgabenbeschreibung beziehungsweise seiner Zuständigkeit. Spielraum für eigene Kreativität und Ausgestaltung der Aufgaben ist nur selten vorhanden.

Dem gegenüber stehen die Bürgerinnen und Bürger. Sie handeln aus grundsätzlichem Interesse oder einem zufälligen Anlass heraus. Niemand schreibt ihnen vor, was sie zu tun oder zu lassen haben. Ihr Engagement ist in der Regel spontan und mitunter sehr emotional geprägt. Der Grund dafür liegt auf der Hand: Bürger beteiligen sich immer dann in besonderer Weise, wenn sie persönlich betroffen sind. Persönliche Betroffenheit bedeutet, dass ihr Handeln nicht nur stark durch subjektive Motive und Ansichten geprägt ist, sondern auch durch ethisch-moralische Vorstellungen bestimmt wird.

Zwei Welten treffen aufeinander

Vergleicht man die unterschiedlichen Ausgangssituationen von Verwaltung und Bürgerschaft, so ist es, als träfen Hierarchie und Anarchie aufeinander. Wo auf der einen Seite das System beziehungsweise der Rechtsstaat über Handlungen und Ziele entscheidet, sind es auf der anderen Seite ganz individuelle und lebensweltliche Motive. Diese beiden Welten in Einklang zu bringen, ist (als Ganzes) unmöglich und auch im Einzelnen nicht einfach.

Das ist aber auch nicht das Ziel von Bürgerbeteiligung. Entscheidender sind Wissen, Transparenz und Austausch. Verwaltung muss wissen, wie Bürger einem konkreten Beteiligungsprozess oder Vorhaben gegenüberstehen. Umgekehrt müssen Bürger erfahren, welche Möglichkeiten und Grenzen Verwaltung grundsätzlich hat und wie diese im Einzelfall aussehen. Dafür ist es nötig, dass sich Bürger und Verwaltung austauschen. Sie müssen gegenseitig ihre Positionen, Ziele sowie Handlungsmöglichkeiten darlegen und sich darüber verständigen.

Unterschiedliche Rollenmerkmale von Verwaltung und Bürgerschaft

Verwaltung	Bürgerschaft
Rechtsförmiges Handeln	Aktionslogik
Kontinuierliches Handeln	Spontanes Handeln
Hochgradig funktional spezialisiert	Lebensweltlich orientiert
Homogene Struktur – beziehungsweise Funktionslogik/Hierarchie	Heterogene Handlungslogik/»Anarchie«
Ethisch-moralisch neutral	Ethisch-moralisch aufgeladen
»Hoheitsstaatliches« Bewusstsein/Verfügungsmacht	Bürgerschaftliches Selbstbewusstsein/Verständigung
Verpflichtung auf Gemeinwohlorientierung/Abwägungserfordernis	Verquickung von Eigen- und Gemeinwohlinteressen/kein Abwägungserfordernis

Quelle: Nach Serge Embacher. Die Rolle der Verwaltung in einer neuen Kultur der Bürgerbeteiligung. Konsequenzen und Kompetenzen. Vortrag gehalten auf dem 5. Innovationsdialog Bürgerbeteiligung, Wennigsen, 19. März 2013.

Kompetenzen für Bürgerbeteiligung

Man könnte nun glauben, Bürgerbeteiligung ließe sich outsourcen und ganz einfach von externen Dienstleistern durchführen. Damit wäre Beteiligung für die Verwaltung kein großes Thema mehr. Das ist ein Trugschluss. Die Verwaltung braucht in jedem Fall eigene Kompetenzen, um Bürgerbeteiligung nachhaltig und erfolgreich umsetzen zu können. Nur durch eigene Beteiligungskompetenzen gelingt es ihr, Beteiligungsrisiken zu minimieren und die Chancen für erfolgreiche Mitwirkungsprozesse zu erhöhen. Nur so werden Behörden für den Bürger zum glaubwürdigen Partner, der es mit Beteiligung auch erkennbar ernst meint. Es sind schließlich die eigenen Kompetenzen, die den notwendigen Kultur- und Mentalitätswandel in Richtung Bürgerbeteiligung überhaupt erst ermöglichen. Nicht zuletzt fördern diese neuen Kompetenzen auch die Kooperation und Partizipation innerhalb der Verwaltung selbst.

Natürlich werden auch heute schon Dritte mit der Umsetzung von Beteiligungsprozessen – oder Teilen davon – betraut. Doch selbst dann muss die Verwaltung in der Lage sein, diese Prozesse kompetent vorbereiten, begleiten und kontrollieren zu können. Dass sich die Verwaltung für Bürgerbeteiligung befähigt, daran geht also kein Weg vorbei.

Was Verwaltung braucht

Welches sind nun die Kompetenzen, die Verwaltungskräfte für das Thema »Bürgerbeteiligung« benötigen? Eine allgemeingültige Kompetenzliste, die alle relevanten Punkte umfassen würde, können wir an dieser Stelle nicht bieten. Es gibt sie einfach nicht. Dafür sind Beteiligungsverfahren nach Art und Umfang zu unterschiedlich. Zumindest aber lassen sich einzelne Kompetenzbereiche mit verschiedenen Kernkompetenzen voneinander abgrenzen. Der erste dieser Kompetenzbereiche betrifft das Grundlagenwissen zu Bürgerbeteiligung.

I. Partizipationswissen

- **Hintergrundwissen:** das Wissen um die Chancen, Risiken und Ziele von Bürgerbeteiligung.
- **Methodenkenntnisse:** die Kenntnis verschiedener Verfahren und Methoden von Bürgerbeteiligung.
- **Transfervermögen:** die Fähigkeit, erworbenes Wissen in der Praxis anzuwenden.

Der zweite Bereich umfasst zugleich soziale und emotionale Kompetenzen. Sie sind Ausdruck der individuellen Fähigkeit und Bereitschaft, die persönliche Haltung zu ändern, offen gegenüber Neuem zu sein und ebenso flexibel wie professionell mit Veränderung umgehen zu können.

»Frau Schrippwitz hat sich im Umgang mit Behörden einen Stil angewöhnt, der zu deren bürgerfreundlichem Umgang noch nicht so recht passt.«

II. Sozioemotionale Kompetenzen

- **Fähigkeit zum Perspektivenwechsel:** die Bereitschaft, sich sachlich auf die Argumente und die Sichtweise der Gegenseite einzulassen.
- **Umgang mit Unerwartetem:** die Fähigkeit, flexibel auf Entwicklungen zu reagieren und offen für Neues zu sein.
- **Dialogfähigkeit:** Kommunizieren und sich austauschen zu können, zählt zu den zentralen sozioemotionalen Kompetenzen. Kommunikation ist für Beteiligung so entscheidend, dass sie einen eigenen Kompetenzbereich darstellt (siehe Punkt IV).

Das dritte Kompetenzfeld umfasst alle Fähigkeiten, die es braucht, um einen konkreten Beteiligungsprozess planen und gestalten zu können.

III. Analytische Kompetenz ist notwendig, …

- … um geeignete Beteiligungsthemen zu identifizieren.
- … um Gestaltungsspielräume für Prozesse und Inhalte zu definieren.
- … um realistische Ziele für den Beteiligungsprozess festzulegen.
- … um relevante Interessengruppen zu identifizieren.
- … um geeignete Beteiligungsverfahren zu bestimmen.

Das vierte Kompetenzfeld betrifft den zentralen Bereich der Kommunikation – und zwar sowohl die Kommunikation gegenüber den Bürgern (beziehungsweise der Öffentlichkeit) als auch die verwaltungsinterne Kommunikation.

IV. Kommunikationskompetenz beinhaltet …

- … eine grundsätzlich bürgernahe Sprache.
- … eine zielgruppengerechte Ansprache.
- … Moderationsfähigkeit.
- … die Fähigkeit, mit Konflikten umgehen zu können.
- … die Bereitschaft, offen und transparent zu kommunizieren.

- ... Offenheit für andere Positionen und Meinungen.
- ... die Fähigkeit, geeignete Kommunikationsmittel zu finden und einzusetzen.

Abbildung 3: Kompetenzen für Bürgerbeteiligung

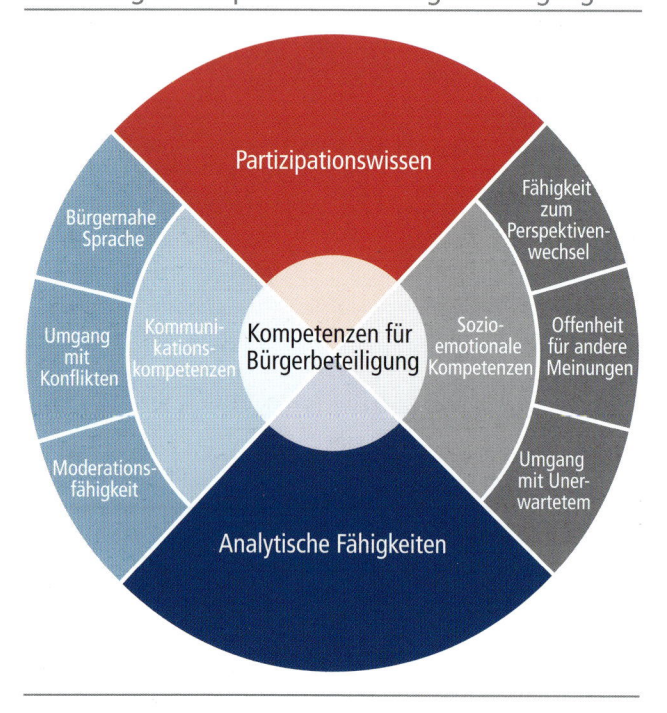

Gerade das Thema »Kommunikation« wird stark vom herkömmlichen Rollenverständnis beeinflusst, das Verwaltung heute noch zu großen Teilen prägt. Kommunikationsarbeit muss die neue und offene Haltung gegenüber Bürgerbeteiligung klar zum Ausdruck bringen. Sie darf – auch gegenüber den Mitarbeitern – keine Zweifel daran aufkommen lassen, dass Behörden es mit ihren Beteiligungsbemühungen ernst meinen. Für die Bereitschaft zur Beteiligung und den Kompetenzerwerb ist es auch verwaltungsintern notwendig, die richtige (An-)Sprache zu finden.

Gegenüber den Bürgern und der medialen Öffentlichkeit darf sich Kommunikation nicht auf die Verteidigung eigener Positionen und Ziele zurückziehen. Kommunikation hat vielmehr die Aufgabe, für eine Idee, ein Projekt oder eine Beteiligungsform zu werben. Das kann die vom Straßenbauamt favorisierte Lösung eines städtebaulichen Problems sein. Es kann aber auch die Frage nach der grundsätzlichen Gestaltung eines Beteiligungsprozesses sein. Die Verwaltung wirbt für ihre Positionen, Ziele und Vorgehensweisen und sucht gemeinsam mit den Bürgern nach Umsetzungsmöglichkeiten. Das gelingt ihr durch eine ebenso wertschätzende wie transparente Verständigung über die Ziele, Prozessabläufe und Ergebnisse.

Wie Kompetenzen erworben werden

In der Aus- und Weiterbildung von Verwaltungskräften spielt Bürgerbeteiligung bisher nur eine untergeordnete Rolle. Von Behörden genutzte Angebote gehen selten über ein- bis zweitägige Trainings oder Tagungen hinaus. Wenn zum Thema »Beteiligung« fortgebildet wird, dann zumeist in Zusammenhang mit bestimmten Sachgebieten wie Umwelt- und Naturschutz oder im Rahmen größerer Bau- und Planungsvorhaben.

Die Nachfrage in Sachen Beteiligungsfortbildung schwankt stark und ist nicht zuletzt abhängig von den politischen Rahmenbedingungen. Zu den klassischen Mitwirkungsthemen bisheriger Fortbildungsmaßnahmen zählen Konfliktlösung und Kommunikationskompetenz. Hier fehlt in der Regel jedoch die Verknüpfung von Theorie und Praxis.

An den Hochschulen sieht das nicht anders aus. Auch hier erhält Mitwirkung gerade erst Eingang in die Verwaltungsausbildung oder die Studiengänge von Planern, Ingenieuren, Pädagogen und Anderen. Entweder ist das Thema bisher noch gar nicht behandelt worden oder Beteiligung ist nur einer von mehreren Aspekten in den Bereichen Qualitätsmanagement und Kundenorientierung. Auch hier liegt der Schwerpunkt derzeit noch eher auf der zielgruppengerechten Kundenansprache oder einem grundsätzlichen Servicegedanken als auf echter Partizipation.

Wissen ist Macht – Praxis ist machtvoller

Bürgerbeteiligung ist eine Querschnittsaufgabe. Sie ist nicht das Fachthema einer einzelnen Stabsstelle oder einiger weniger Verwaltungskräfte. Im Kapitel „Kultur- und Mentalitätswandel" haben wir bereits gezeigt, wie umfassend sie die Verwaltung als Ganzes beeinflusst und in welchem Umfang sie die Arbeit der Mitarbeiter verändert. Entsprechend umfassend und vielfältig gestaltet sich auch die Vermittlung der notwendigen Kompetenzen.

Suchte man nach einer Geheimformel für die effizienteste und nachhaltigste Form des Kompetenzaufbaus, so hieße diese wohl »Praxis. Praxis. Praxis.«. Methodenkenntnisse und theoretisches Wissen bilden zwar das notwendige Fundament, um mit Bürgerbeteiligung beginnen zu können. Doch muss man sie auch mit der Praxis verknüpfen. Das kann zum Beispiel durch begleitende Inhouse-Seminare oder Coachings geschehen.

Erst in der Beteiligungspraxis zeigt sich, was wirklich geht und was nicht. Sie ist das Erprobungs-, Lern- und Entwicklungsfeld für eine erfolgreiche und dauerhafte Mitwirkungskultur. Entsprechend teilen sich die Formen des Kompetenzerwerbs in zwei Bereiche auf.

Theoretischer Kompetenzerwerb durch:

- Aus- und Weiterbildung auf allen Hierarchieebenen.
- Integration des Themas »Mitwirkung« in reguläre Fortbildungsmaßnahmen.
- Angebot eines breiten Fortbildungskatalogs mit unterschiedlichen Formaten (Seminare, Workshops, Netzwerke etc.).
- fortlaufende Kommunikation aller Projekte und Themen rund um Beteiligung.
- verwaltungsinternen Wissenstransfer und Vernetzung von Mitarbeitern (Einsatz neuer Medien).
- Einbinden der Mitarbeiter in die Erstellung verwaltungseigener Beteiligungsleitfäden beziehungsweise -handbücher.

Praktischer Kompetenzerwerb durch:

- Anwenden und Erproben von Bürgerbeteiligung in eigenen Projekten.
- Seiten- beziehungsweise Perspektivenwechsel in Form von Hospitationen, Coachings und Praxisprogrammen – Verwaltungsmitarbeiter erleben die Praxis von Bürgerinitiativen, Vereinen und Interessengruppen.
- Einbeziehen von Bürgern und Interessenvertretern in die Fortbildungen. Der Verwaltungsalltag lässt sich so fast unter »Realbedingungen« erproben.
- gemeinsame Entwicklung von Beteiligungsleitfäden beziehungsweise -handbüchern. Das heißt, bereits die Leitfäden entstehen mit Beteiligung der Bürger.
- projektbegleitende Coachings und Inhouse-Schulungen.

Rahmenbedingungen und Ressourcen

Kompetente Mitarbeiter bilden die Grundlage für erfolgreiche Bürgerbeteiligung. Ebenso braucht es auch gute Rahmenbedingungen und ausreichend Ressourcen. Verwaltung und Politik müssen sicherstellen, dass die Entwicklung bürgerschaftlicher Teilhabe nicht hinten herum ausgebremst wird. Dafür können sie einiges tun.

Akzeptanz und Rückhalt demonstrieren

Bürgerbeteiligung muss von der Führung erkennbar gewollt sein. Maßnahmen zum Kompetenzerwerb haben einen entsprechenden politischen Rückhalt und werden unterstützt. Die Entwicklung einer Beteiligungskultur durch Weiterbildung wird nicht mit der Brechstange durchgesetzt, sondern basiert auf Anreizen.

Abbildung 4: Kompetenzerwerb

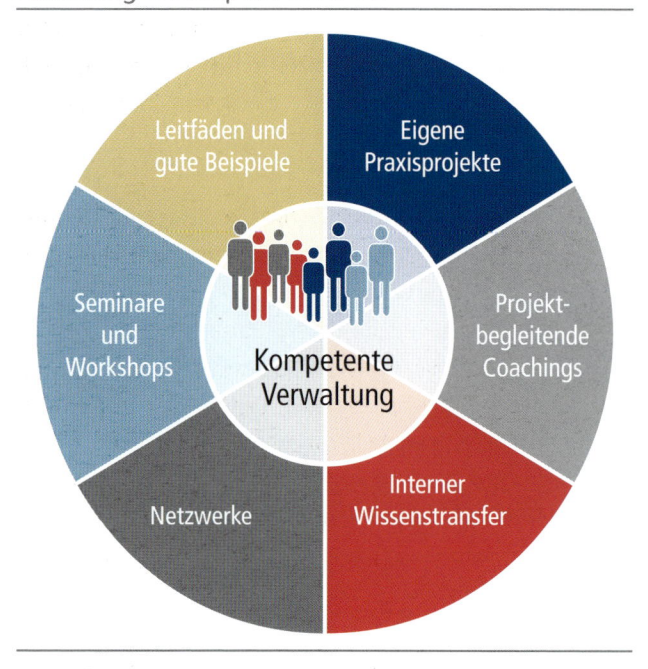

Kompetenzen teilen

Erworbenes Beteiligungswissen darf nicht brachliegen. Es muss genutzt werden. Bürgerbeteiligung kann sich nicht entwickeln, wenn einige Mitarbeiter zwar über entsprechende Kompetenzen verfügen, diese aber – aus unterschiedlichen Gründen – nicht teilen und weitergeben. Ob in der direkten Zusammenarbeit mit Kollegen, im Vortrag gegenüber der gesamten Fachabteilung oder im Rahmen eines laufenden Beteiligungsverfahrens: Partizipationswissen und eigene Erfahrung müssen vermittelt und transportiert werden.

Fortbildungen zentralisieren

Eine zentrale Ausbildungsstelle auf Landesebene sorgt für die professionelle Fort- und Weiterbildung zum Thema »Bürgerbeteiligung«. Sie gewährleistet sowohl einheitliche als auch qualitativ hochwertige Fortbildungsmaßnahmen und erspart den einzelnen Kommunen Aufwand und Zeit. Auch bundesweit können staatlich geförderte Kompetenzzentren die Weiterbildung in Sachen Beteiligung vorantreiben. Sie können sich auf einzelne Themenbereiche konzentrieren (zum Beispiel Gesundheitswesen, Wissenschaft und Technik) und sowohl zivilgesellschaftlich als auch staatlich initiiert und betrieben werden.

Finanzierung und Personal sichern

Politik und Verwaltung müssen klären, aus welchen Mitteln der Kompetenzaufbau für Bürgerbeteiligung finanziert wird. Dies geschieht entweder aus den Fortbildungsmitteln der einzelnen Ressorts oder Bürgerbeteiligung wird zur zentralen Aufgabe. Dann kann sie als Angebot aus einem zentralen Topf finanziert werden. Bürgerbeteiligung braucht ausreichende personelle Ressourcen. Es darf nicht der Eindruck entstehen, dass sie einfach als Zusatzaufgabe sozusagen draufgesattelt wird – dies würde bestehende Abwehrhaltungen bei den Mitarbeitern eher noch verstärken.

Bürgerbeteiligung als Karriereturbo

Engagement für Bürgerbeteiligung darf niemandem zum Verhängnis werden. Im Gegenteil: Verwaltungsmitarbeiter müssen dazu ermutigt werden, Bürgerbeteiligung eigenständig und flexibel umzusetzen und zu entwickeln. Hat Partizipationskompetenz zum Beispiel Einfluss auf die Beurteilung und Beförderung von Verwaltungskräften, wird Bürgerbeteiligung zum positiven Karrierefaktor. Das beschleunigt den gesamten Wandel und erhöht die Nachhaltigkeit von Beteiligungserfolgen.

Gutes Beteiligungsmarketing

Ein gutes verwaltungsinternes Beteiligungsmarketing macht neugierig, festigt die bisherigen Bemühungen und motiviert die Verwaltungsmitarbeiter, sich für Mitwirkung zu engagieren. Das gelingt, indem erfolgreiche Projekte sichtbar gemacht werden. Führungskräfte halten das Thema »Beteiligung« aufrecht und zeigen offen ihre Wertschätzung.

Erzielte Erfolge verankern

Einige Punkte, die den Kompetenzerwerb innerhalb von Verwaltung nachhaltig sichern, haben wir bereits genannt. Neben der persönlichen Motivation, dem Rückhalt von oben sowie offener Kommunikation und Transparenz trägt auch ein gutes Qualitätsmanagement dazu bei, dass Beteiligung nicht morgen bereits wieder ein Entwicklungsthema von gestern ist. Erfahrungen, die in Handbücher oder Leitfäden überführt werden, tragen ebenfalls zur Nachhaltigkeit bei.

Zehn Grundlagen zum Kompetenzerwerb

1. Der Weg zur Beteiligungsgesellschaft bedeutet **Veränderung** – sowohl in der Arbeitsweise wie auch in der Zusammenarbeit mit dem Bürger. Um diese Veränderung bewerkstelligen zu können, brauchen Behörden **neue Kompetenzen**.

2. Die Grundlage für erfolgreichen Wandel und erfolgreiche Beteiligung ist **Partizipationswissen**. Die Verwaltung muss wissen, mit welchen Chancen, Risiken und Zielen bürgerschaftliche Teilhabe verbunden ist und mit welchen Mitteln beziehungsweise Methoden sie sich umsetzen lässt.

3. Verwaltungsmitarbeiter benötigen **analytische Kompetenz**, um Beteiligungsprozesse planen und gestalten zu können.

4. Beteiligung verlangt nach einer **neuen Kommunikationskultur** – sowohl gegenüber dem Bürger als auch behörden-intern. Mitarbeiter müssen ihre Kompetenzen in Richtung einer offenen, bürgernahen und zielgruppengerechten Kommunikation entwickeln. Sie müssen die geeigneten Kommunikationsmittel kennen und anwenden können.

5. Politik und Verwaltung müssen Beteiligung zu einem **festen Bestandteil von Aus- und Weiterbildung** machen. Das umfasst neue Formate wie auch die Integration des Themas »Beteiligung« in bestehende Aus- und Weiterbildungsmaßnahmen.

6. Wissen und Kompetenzen werden auch dadurch vermittelt, dass die Verwaltung alle Projekte und Maßnahmen rund um Beteiligung **offen und beständig kommuni-**

ziert. Mitarbeiter nutzen oder etablieren **Netzwerke** und tauschen sich aus (zum Beispiel über soziale Medien). Verwaltungsinterne **Handbücher und Leitfäden** zu Beteiligung werden zusammen mit den Mitarbeitern entwickelt.

7. Der Schwerpunkt aller Maßnahmen zum Kompetenzerwerb liegt in der **praktischen Umsetzung**. Beteiligung wird in eigenen Projekten angewendet und erprobt. Bürger werden bereits im Rahmen der Fortbildung oder bei der Erstellung von Leitfäden einbezogen und stellen so einen **Praxisbezug** her.

8. Hospitationen in Bürgerinitiativen, Vereinen und Interessengruppen ermöglichen Verwaltungsmitarbeitern einen **Perspektivenwechsel** und tragen zu einem besseren **gegenseitigen Verständnis** bei.

9. Politik und Verwaltung sorgen für **Rahmenbedingungen**, die den Kompetenzerwerb fördern und nicht ausbremsen oder sogar verhindern.

10. Politik und Verwaltung ermöglichen und sichern den Kompetenzerwerb durch die entsprechende **Ausstattung mit finanziellen und personellen Ressourcen**.

Beteiligung auf breiter Front

Kompetenzerwerb in Baden-Württemberg

In Baden-Württemberg wird der Wissens- und Kompetenzerwerb zu Bürgerbeteiligung auf mehreren Ebenen gefördert. So wurde – ausgehend von einem Lehrgang an der Führungsakademie Baden-Württemberg – ein **»Leitfaden für Bürgerbeteiligung in der Landesverwaltung«** erstellt. Er ist mittlerweile Bestandteil eines umfassenderen **»Leitfadens für eine neue Planungskultur«**. Dessen Struktur und Inhalte hat ein Expertengremium aus Politik, Verwaltung und Zivilgesellschaft entworfen. Nachdem künftige Anwender aus der Landesverwaltung ihn diskutiert haben, wird die Öffentlichkeit über ein **Online-Beteiligungsportal** in die weitere Ausarbeitung einbezogen. Parallel dazu wird geprüft, inwieweit sich der Leitfaden in eine **Verwaltungsvorschrift** umsetzen lässt.

Fort- und Weiterbildung

Die Inhalte von Fort- und Weiterbildung für Beamte in Baden-Württemberg werden überarbeitet und in Bezug auf Bürgerbeteiligung ergänzt. Eine Arbeitsgruppe mit Vertretern der Führungsakademie, Verwaltungshochschulen, Universitäten, des Städtetags sowie des Landesverbandes der Baden-Württembergischen Industrie entwickelt die **neuen Curricula**. Das Thema »bürgerschaftliche Teilhabe« erhält dabei jedoch keinen eigenständigen Projektcharakter, sondern knüpft an bestehende Strukturen und Inhalte an.

Die grundsätzlich **modulare Gestaltung der Fortbildungen** erlaubt es, das Thema »Beteiligung« individuell an die Bedürfnisse der Mitarbeiter anzupassen. Einzelne Modulthemen sind unter anderem:

- Bürgerbeteiligung im Überblick
- Rechtliche, kommunale und landespolitische Rahmenbedingungen
- Führen und Steuern von Beteiligungsprozessen
- Erfahrungen kontinuierlich austauschen
- Erfolgreiche Gestaltung von Bürgerbeteiligung
- Kommunikation in Beteiligungsprozessen
- Moderierter Bürgerdialog
- Mediation
- Verständlich kommunizieren

Selbstverständnis

Die Landesverwaltung überarbeitet derzeit eine **Erklärung zu ihrem Selbstverständnis**. Das Thema »Bürgerbeteiligung« wird in die Neufassung aufgenommen. Bürgerbeteiligung wird für alle Verwaltungsmitarbeiter zum **verpflichtenden Thema**. Zukünftig hat sie direkten Einfluss auf die Karriere der Mitarbeiter.

Arbeitsweise

Die Entwicklung von Bürgerbeteiligung in der baden-württembergischen Landesverwaltung gelingt mit vergleichsweise geringen Ressourcen. Leitfäden und neue Fortbildungsinhalte entstehen durch viel **ehrenamtliches Engagement** von Verwaltungsmitarbeitern und Vertretern aus Politik und Bürgerschaft. Ihre gemeinsame Arbeit knüpft an bestehende Strukturen an und baut auf vorhandene Netzwerke auf. Der Weg zu einer neuen Beteiligungskultur wird selbst zu einem partizipativen Prozess, in dem Erfahrungen gesammelt und Mitwirkung erprobt werden.

Werkzeuge für Beteiligung

Praktischer Kompetenzerwerb in Nordrhein-Westfalen

Im Januar 2012 gründete das Wirtschaftsministerium des Landes Nordrhein-Westfalen die Geschäftsstelle »Dialog schafft Zukunft«. Ziel der Geschäftsstelle ist es, ein **kostenloses und praxisnahes Serviceangebot** für Unternehmen, Kommunen, Verwaltung und Zivilgesellschaft bereitzustellen. Der im November 2012 durch die Geschäftsstelle publizierte »**Werkzeugkasten Dialog und Beteiligung**« leistet hierzu einen wichtigen Beitrag.

Der Werkzeugkasten richtet sich in erster Linie an Vorhabenträger und Projektentwickler, Vertreter von Planungsbehörden, an Kommunal- und Bezirksverwaltungen sowie Treiber und Initiatoren von Dialogverfahren. Der Werkzeugkasten informiert schwerpunktmäßig über **informelle Dialogverfahren im Umfeld von Infrastruktur- und Industrieprojekten**. Er erläutert die sinnvolle Verzahnung von formeller und informeller Beteiligung – so beispielsweise die Etablierung von Dialogforen im Umfeld von Raumordnungs- und Planfeststellungsverfahren. Anhand von Praxisbeispielen stellt er ausgewählte Beteiligungsmodelle vor und beschreibt sie leitfadenartig. Abschluss und Schwerpunkt bildet die detaillierte **Erörterung von Beteiligungswerkzeugen** aus den Bereichen Information, Dialog, Lösungsfindung und ergänzende Techniken.

Den Werkzeugkasten können Sie online über die Seiten der Geschäftsstelle »Dialog schafft Zukunft« beziehen, zu finden unter: **www.dialog-schafft-zukunft.nrw.de** oder als gedruckte Publikation über: **info@dialog-schafft-zukunft.nrw.de**.

Beteiligung nicht erst seit gestern

Kompetenzerwerb in Essen

In der Ruhrgebietsmetropole Essen ist Beteiligung bereits seit 2004 **verpflichtender Bestandteil** der Führungskräftefortbildung. Seit 2013 gibt es zusätzlich zwei Seminare zum Thema. Die Stadt hat die Erfahrung gemacht, dass ein **breit gefächertes Fortbildungsangebot** zur Vermittlung von Wissen und Kompetenzen wichtig ist: Denn sowohl das Aufgabenprofil als auch die persönlichen und fachlichen Kompetenzen der Verwaltungsmitarbeiter sind sehr unterschiedlich.

Zudem fördern **Möglichkeiten zum Austausch und zur Vernetzung** den Kompetenzaufbau innerhalb der Verwaltung. Das können Beratungen sein oder auch Berichte über gelungene wie auch misslungene Beteiligungsprojekte. Auch – oder gerade – negative Erfahrungen dürfen nicht ausgeklammert werden. Austausch und Vernetzung können über die Intranetplattform »Arbeitshilfen für Bürgerbeteiligung« erfolgen oder über die verwaltungsweite Arbeitsgruppe Bürgerbeteiligung.

»Beteiligung ersetzt nicht die parlamentarische Demokratie«

Im Gespräch: Albert Geiger, Leiter Referat Nachhaltige Stadtentwicklung, Ludwigsburg

Herr Geiger, im Vergleich zu anderen Kommunen sind Sie in Ludwigsburg beim Thema »Bürgerbeteiligung« weit fortgeschritten. Haben Sie ein Geheimrezept?
Bei uns treffen Sie in Politik und Verwaltung einfach auf ein paar Leute, die Spaß daran haben, Dinge möglich zu machen. Sie haben Spaß am Gelingen und Spaß am Gestalten. Sie haben aber keinen Spaß daran, anderen zu erklären, warum etwas nicht geht. Bei uns in Deutschland wird auf ganz hohem Niveau viel zu viel analysiert und kritisiert. Auch wenn das sehr gerecht und sehr anspruchsvoll geschieht, so kommen wir damit nicht weiter. Wir müssen gestalten und Risiken eingehen.

Wie geht man denn mit Verhinderern um?
Wenn etwas partizipativ aufgebaut ist und mit den Gemeinderäten zusammen entwickelt wird, dann sind heute Sachentscheidungen möglich, die es früher so nicht gegeben hätte. Selbst dann, wenn es Gegner im Gemeinderat oder auch in der örtlichen Presse gibt.

Wir müssen uns bei Bürgerbeteiligung ja eines vor Augen halten: Wir sprechen hier nicht über gesellschaftliche Randthemen. Wir reden über Dinge, die die Menschen tagtäglich betreffen. Natürlich gibt es immer Leute, die irgendeine besondere Richtung vertreten. Aber in einem partizipativ geführten Prozess können diese Einzelnen nicht alleine eine Entscheidung herbeiführen oder etwa Entwicklungen verhindern.

Wenn man Beteiligung also umsetzen will, kann man das als Abteilung, Fachbereich oder einzelnes Amt auch wagen. Davor muss niemand Angst haben. Letztlich wird die Diskussion ja über Fakten, Sachargumente und Informationen geführt.

Trotzdem gibt es beteiligungsresistente Vertreter in Politik und Verwaltung ...
Die haben wir in der Tat und die gilt es zu gewinnen. Auch in einer Verwaltung, in der Beteiligung nicht gewollt ist, gibt es Bereiche, in denen man sie machen muss. Diese Bereiche müssen wir nutzen, um Beteiligung zu üben und um Spaß daran zu gewinnen.

Beteiligung also durch praktische Übung?
Absolut. Ich halte nämlich gar nichts davon, mit dem Gemeinderat extra in Klausur zu fahren, ihm theoretisch zu erklären, was Beteiligung ist, und dann zu sagen: So Leute, jetzt aber mal Emotionen. Jetzt testen wir das Ganze mit euch. Dann lernt ihr das auch und findet das bestimmt klasse. So einen Ansatz können Sie vergessen.

So einem Ansatz fehlen auch die Inhalte.
Genau. Man muss ein Thema haben. Man muss immer über Themen kommen. Emotionen kann man ganz schlecht theoretisch vermitteln. Man braucht konkrete Formate und echte Inhalte. Dafür muss man den Gemeinderat aber aus dem Sitzungssaal rausholen. Das ist das Allerwichtigste. Das heißt aber jetzt nicht, dass Sie für zwei Tage irgendein teures Tagungshotel buchen müssen, um Ihren Gemeinderat zu aktivieren.

Wie bekommen Sie denn den Gemeinderat an die frische Luft?
Wir haben ihn aufs Dach gebracht. Wir haben die Gemeinderatsmitglieder einfach aufs höchste Gebäude der Stadt mitgenommen. Dort haben wir gesagt: Lasst uns mal über die Zukunft unserer Stadt nachdenken. Wenn die Ratsmitglieder dann da oben stehen und auf die eigene Stadt schauen, ist das

etwas ganz anderes, als wenn sie schön geordnet im Ratssaal sitzen. Da wird nicht nur der Blick frei, sondern auch der Kopf.

Plötzlich hatten wir Arbeitsgruppen quer durch die Fraktionen. Plötzlich war es gar nicht mehr so schwer, Gemeinderäte zu finden, die sich selbst moderiert haben. Bei dieser Form der Arbeit haben die Ratsmitglieder auch festgestellt, dass sie gar nicht so weit auseinanderliegen.

Sitzen sie dann 14 Tage später wieder im Sitzungssaal, ist zwar die Welt noch die gleiche und keiner ist konvertiert. Aber sie sind nicht mehr unschuldig. Sie haben festgestellt, dass sie bei Themen, die die Stadt betreffen, dichter beieinander sind und nun auch offener. Wer das einmal in dieser Form erlebt hat, der geht auch offener in eine Bürgerbeteiligung.

Trotzdem gibt es beim Thema »Bürgerbeteiligung« tief verwurzelte Ängste und Bedenken ...
Das stimmt. Bei der Politik schwingt die Angst mit, dass man irgendwann nichts mehr zu sagen hat. Die größte Angst bei Bürgerbeteiligung ist, dass sich plötzlich etwas verselbstständigt und man nicht mehr frei in seiner Entscheidung ist. Man müsse als Gemeinderatsmitglied also vermeintlich so abstimmen, wie die Mehrheit es sich vorstellt. Diese Angst kann man niemandem theoretisch nehmen. Da muss man erst durch ein paar Beispiele gehen. Die sollten aber nicht erfunden sein, sondern aus der Praxis stammen.

Verwaltung und Politik müssen also mit Bürgerentscheidungen leben lernen?
Das ist ein wichtiger Lernprozess. In einem der aktuelleren Beteiligungsverfahren in Ludwigsburg haben die Bürger gegen den Vorschlag der Verwaltung gestimmt. Da holt man sich – bezogen auf die eigene Position – durchaus mal eine blutige Nase. Solche Ergebnisse gilt es zu analysieren. Für die Entscheidung gibt es schließlich konkrete Gründe. Verwaltung muss sich vor allem anschauen, wo sie einen Prozess allein deshalb in den Sand gesetzt hat, weil er von vorneherein falsch angelegt worden ist.

Wenn aber alles nach bestem Wissen und Gewissen geplant wurde?
Wenn der Prozess formal gut gelaufen ist, dann heißt es eben: Nicht der Bürger hat falsch entschieden, sondern wir haben im Verfahren nicht überzeugt. Das ist aber kein Beinbruch. Dann ist der Bürgerwille eben zu akzeptieren. Es wird gemacht, was der Gemeinderat aufgrund der Signale aus der Bürgerschaft entscheidet. Die Verwaltung setzt das um und ist dann auch nicht beleidigt. Das sind die Spielregeln und Risiken von Beteiligungsverfahren.

Für die Bürger bedeutet das, dass sie nun etwas bekommen, mit dem sie sich intensiv beschäftigt und für das sie sich selbst entschieden haben. Sie können mit diesem Ergebnis viel besser leben, auch wenn sich später einmal zeigen sollte, dass eine andere Lösung besser gewesen wäre.

Verwaltung fällt es ja auch nicht immer leicht, die »Betroffenenkompetenz« der Bürger zu akzeptieren ...
Das erlebe ich immer wieder. Ich war vor Kurzem auf einer Podiumsdiskussion beim »Tag der Planung« in Stuttgart. Da stand ein Student auf und sagte, er hätte nun 14 Semester Stadt- und Raumplanung hinter sich. Nun würde hier auf dem Podium darüber gesprochen, dass ihm ein Bürger sagen könne, was die richtige Lösung eines städtebaulichen Problems im Ortskern sei. Wozu habe er dann also studiert? Da muss man ganz nüchtern feststellen: Wenn dieser Stadt-

planer mit seiner fachlichen Meinung in einem Planungsprozess richtig liegt, dann kann er das auch vermitteln. Wenn er es nicht kann, dann hat er entweder schlecht argumentiert oder eben nicht die richtigen Argumente. Dann ist es aber auch legitim, dass die Bürger, die täglich eine bestimmte Lebenssituation haben, besser wissen, was sie brauchen und was gut für sie ist.

Zu dieser Form der Akzeptanz müssen Politik und Verwaltung aber erst einmal gelangen.
Natürlich, das muss man lernen. Es ist zunächst einmal hart und unglaublich schwer anzunehmen. Damit umgehen zu können, setzt viel Reflexion und eine gewisse Entwicklung voraus. Die Praxis zeigt aber, dass Verwaltung dahin kommen muss. Sonst haben wir ein Problem mit Beteiligung.

Ginge es zukünftig überhaupt ohne Beteiligung?
Ich bin überzeugt: Politik und Verwaltung werden die großen Herausforderungen der Zukunft mit den bisherigen Mitteln und Methoden niemals meistern – ob das Thema nun Energie, Finanzen oder Demografie heißt. Ohne partizipative Instrumente und Methoden wird sich Politik von Bürgerseite aus immer anhören müssen, sie habe das Problem zu lösen. Schließlich habe sie ja auch allein entschieden und den Bürger damit in die Misere geritten.

Politik und Verwaltung sollten also ein originäres Interesse an Beteiligung haben?
Ja. Verwaltung und Politik leiden bisher nur unter der Vorstellung, dass sie dem Bürger nicht alles sagen können. Politik und Verwaltungsentscheidungen werden noch zu oft intransparent gestaltet, weil man Angst vor dem Nein des Bürgers hat. Dieses Denken muss überwunden werden. Wir müssen stattdessen Freud und Leid teilen. Politik und Verwaltung müssen erkennen, dass das letztlich auch sie entlastet.

Es geht also um ein harmonisches Miteinander zwischen Staat und Bürger?
Es geht nicht darum, eine heile Welt herzustellen. Es wird immer Kritik aneinander geben und einer fühlt sich vom anderen enttäuscht. Das macht aber nichts, solange ein grundsätzliches Vertrauen da ist. Ein emotionales Vertrauen, das es ermöglicht, zunächst einmal wohlwollend aufeinander zuzugehen. Wie man sich dann in der Sache auseinandersetzt, das steht auf einem anderen Papier geschrieben. Da geht es auch nicht ohne Auseinandersetzungen. Das ist einfach das normale Leben. Wir müssen weg von dem Bild, dass Verwaltung und Politik die Heilsbringer sind und jede Kritik von außen einen Angriff auf den Heiligen Gral bedeutet. Die Vorstellung, dass die Fachleute der Verwaltung alles richtig machen und die Bürger einfach nur blöd sind, wenn sie nicht begreifen, was die Experten wollen, die muss aus den Köpfen raus.

Wäre da noch das Thema »Beteiligung als Bedrohung für die parlamentarische Demokratie« ...
Wenn sich jemand in Verwaltung oder Politik von Beteiligung bedroht fühlt, dann muss er sein berufliches Selbstverständnis überprüfen. Beteiligung ersetzt nicht die parlamentarische Demokratie oder die Arbeit ihrer Vertreter. Ich persönlich finde es gut, wenn man gewählte, repräsentative Vertreter hat, die nach einem intensiven Beteiligungsprozess entscheiden. Die Welt ist einfach zu komplex und dreht sich zu schnell, als dass man alles immer bis aufs Letzte runterbrechen könnte.

Kapitel 5
Qualitätskriterien für Bürgerbeteiligung

oder: Das Erfolgsgeheimnis der BÜRGER-Formel

»Bürgerbeteiligung wird viel zu oft als Placebo missbraucht. Sie wird ›gewährt‹, damit Bürger ›Dampf ablassen‹ können und irgendwann einfach Ruhe geben. Sie dient der Legitimation von Ergebnissen, bei denen der Bürgerwille letztlich doch nicht berücksichtigt wurde. Je mehr eine dilettierende Politik glaubt, die Menschen auf diese Art abspeisen zu können, desto deutlicher und lauter wird der bürgerschaftliche Ruf nach einem Systemwechsel. Einem Systemwechsel weg von der repräsentativen Demokratie, hin zur direkten Demokratie.«

Dr. Matthias Weigand, Ministerialrat, Referatsleiter »Fachübergreifendes Recht«, Bayerisches Staatsministerium für Umwelt und Gesundheit, München

Gute Bürgerbeteiligung braucht Qualität. So verschieden Partizipationsvorhaben auch sind: Es gibt grundlegende Kriterien, die zum Erfolg von Beteiligung beitragen – sei es im Rahmen einzelner Vorhaben oder auf dem Weg zu einer grundsätzlich neuen Beteiligungskultur. Die in diesem Kapitel aufgeführten Qualitätskriterien sind dabei nicht das Ergebnis einiger weniger Leuchtturmprojekte. Sie wurden vielmehr im Rahmen der Evaluation von 5.000 Beteiligungsverfahren sowie einer Metastudie der Bertelsmann Stiftung als zentrale Erfolgsfaktoren für Beteiligung identifiziert. Alle genannten Qualitätskriterien basieren somit auf belastbaren Daten. Zudem haben die Praktiker des »Innovationsdialogs Bürgerbeteiligung« diese Kriterien in einem intensiven Diskussionsprozess anhand ihrer eigenen Praxiserfahrungen überprüft und als entscheidend für die Beteiligungsqualität bewertet.

Die einzelnen Kriterien haben nicht immer das gleiche Gewicht: Für gute Beteiligung sind sie jedoch unabdingbar. Sie schaffen das Potenzial für eine Win-win-Situation zwischen Bürgern und Verwaltung. Sie öffnen Gestaltungsspielräume und erhöhen auf beiden Seiten sowohl das Verständnis füreinander als auch die Akzeptanz gegenüber getroffenen Entscheidungen. Qualitätskriterien dienen nicht dem Ziel, alle Interessen zu befriedigen. Sie sind aber die Voraussetzung dafür, dass in einem demokratischen Aushandlungsprozess bessere und bedarfsgerechtere Lösungen gefunden werden.

Vorbereitung von Beteiligung

Damit sich Beteiligung anhand von Qualitätskriterien überhaupt entwickeln und umsetzen lässt, braucht es eine gute Vorbereitung. Schon anhand weniger Leitfragen lässt sich überprüfen, ob alle notwendigen Voraussetzungen für eine gute Bürgerbeteiligung erfüllt sind.

Der Übergang von der Vorbereitungsphase in den Beteiligungsprozess ist dabei fließend. Alles, was Sie im Rahmen einer guten Vorbereitung entwickeln, ist bis in die eigentliche Beteiligungsarbeit hinein wirksam und nutzbar. Einige der vorbereitenden Punkte finden sich deshalb auch als Qualitätskriterium im Umsetzungsprozess wieder.

Abbildung 5: Bürgerformel für Qualität

Faktoren für Qualität

- **B**ereitschaft und Offenheit
- **Ü**berzeugendes Bekenntnis
- **R**essourcen und Prozesse
- **G**eeignete Methoden
- **E**inblick und Transparenz
- **R**elevante Ergebnisse

→ **Gelungener Beteiligungsprozess**

Leitfragen-Check

Was sind Ihre Ziele?

Definieren Sie klare und feste Projektziele. Das ist natürlich ohnehin schon zwingender Bestandteil eines guten Vorhabens. Formulieren Sie diese Ziele aber auch mit Blick auf Beteiligung. Wo wollen Sie hin? Was ist Ihre Absicht und welches sind Ihre Beweggründe? Legen Sie zusätzlich fest, warum Sie überhaupt Beteiligung machen. Was sind also die konkreten Ziele des geplanten Partizipationsprozesses?

Haben Sie alle Beteiligten an Bord und nehmen Sie auch jeden im Prozess mit?

Identifizieren Sie alle relevanten Zielgruppen, damit Sie sie rechtzeitig ansprechen, informieren und einladen können. Wählen Sie die notwendigen Ansprechpartner und Experten. Binden Sie die Bürger frühestmöglich ein. Wählen Sie Termine, Zeiten, Prozessschritte und Orte so, dass sie von den Beteiligten auch wirklich einzuhalten beziehungsweise zu erreichen sind. Bedenken Sie, dass es beteiligungsnahe und beteiligungsferne Zielgruppen gibt. Ihr Ansatz sollte daher ein aufsuchender sein.

Sind Rahmenbedingungen, Ressourcen und Prozessschritte geklärt?

Definieren Sie Meilensteine und stecken Sie sowohl methodisch als auch inhaltlich die Rahmenbedingungen ab. Verständigen Sie sich mit den Bürgern über die notwendigen und verfügbaren Ressourcen. Kommunizieren Sie jeden einzelnen Ihrer Schritte. Vereinbaren Sie gemeinsame Spielregeln und Spielräume. Bestimmen Sie die konkreten Ziele, die Sie erreichen wollen. Nur so ist für jeden klar, welche Möglich-

»Ja Wahnsinn, schau mal: Das sind ja Menschen wie wir!«

keiten der Beteiligungsprozess bereithält und wo die Grenzen liegen.

Gibt es Wissen, Kompetenzen oder Strukturen, auf die Sie aufbauen können?

Profitieren Sie von der Erfahrung und dem Wissen anderer. Nutzen Sie Ergebnisdokumentationen, Leitfäden oder Handbücher wie dieses. Schauen Sie, wo es in Ihrem direkten Umfeld bereits Beteiligungserfahrung oder kompetente Ansprechpartner gibt. Erfinden Sie das Rad nicht neu, sondern bauen Sie auf vorhandene Strukturen auf.

Qualitätskriterien für Beteiligungsprojekte

Die nachfolgenden Qualitätskriterien beziehen sich auf den eigentlichen Beteiligungsprozess – also auf ein konkretes Projekt beziehungsweise Beteiligungsvorhaben. Nochmals zur Erinnerung: Jedes dieser Kriterien hat sich bereits in zahlreichen Projekten als Erfolgsfaktor für gute Beteiligung erwiesen. Welche Rolle es in Ihrem jeweils aktuellen Prozess spielt, müssen Sie immer wieder neu entscheiden. Je weniger der zentralen Qualitätskriterien jedoch erfüllt sind, desto geringer ist die Aussicht auf erfolgreiche Beteiligung.

Die Liste der Qualitätskriterien erhebt auch keinen Anspruch auf Vollständigkeit. Schließlich ist jedes Vorhaben geprägt durch eigene inhaltliche, institutionelle und akteursabhängige Faktoren. Die sechs nachfolgenden Punkte stellen jedoch die Kernkriterien für gute Beteiligung dar. Gemeinsam bilden sie die sogenannte BÜRGER-Formel. Nach dieser Formel braucht gute Beteiligung vor allem:

B – Bereitschaft und Offenheit
Ü – Überzeugendes Bekenntnis
R – Ressourcen und Prozessmanagement
G – Geeignete Methoden
E – Einblick und Transparenz
R – Relevanz der Ergebnisse

Bereitschaft und Offenheit

Die wichtigste Voraussetzung für Bürgerbeteiligung ist die innere Bereitschaft aller Akteure. Das schließt die Bürger natürlich mitein. Ihre Bereitschaft, sich zu beteiligen, steigt mit der Dringlichkeit und Relevanz eines Themas. Sie hängt aber auch davon ab, wie stark Bürger sich tatsächlich beteiligen können. Je größer die gestalterischen Spielräume, desto höher ihre Motivation.

Nehmen Sie die Ziele, Anliegen und Bedürfnisse der Menschen ernst. Seien Sie offen für neue Themen und Akteure und kommunizieren Sie mit allen Beteiligten auf Augenhöhe. Machen Sie die Zusammenarbeit mit dem Bürger verbindlich, indem Sie nichts ausklammern. Echte Beteiligung heißt: Bürger dürfen mitreden, mitplanen, mitgestalten und mitentscheiden. Vergessen Sie aber auch nicht, im Sinne eines »Erwartungsmanagements« mögliche Grenzen der Beteiligung (zum Beispiel bestimmte Rechtsvorschriften) frühzeitig deutlich zu machen, um Enttäuschungen zu vermeiden.

Innerhalb von Verwaltung gilt: Motivieren Sie und fördern Sie Beteiligung auch mit Blick auf den Einzelnen. Schaffen Sie Anreize für Verwaltungsmitarbeiter, indem Sie zum Beispiel mehr Verantwortung übertragen und Beteiligung zum Karrierefaktor machen. Wertschätzen Sie das Engagement aller Beteiligten.

Überzeugendes Bekenntnis

Beteiligung braucht ein überzeugendes Bekenntnis – und das über alle Führungsebenen hinweg bis hinauf in die Spitze. Die Betonung liegt auf überzeugend. Lassen Sie die Aussage »Beteiligung ist Chefsache« also nicht zur politischen Floskel verkommen. Beteiligte Bürger und Öffentlichkeit erkennen, ob Ihr Bekenntnis zur Beteiligung auch wirklich ernst gemeint ist.

Rückhalt von oben muss somit aktiv gelebt und offen kommuniziert werden. Binden Sie Entscheider direkt in den Prozess ein und machen Sie Bürgerbeteiligung zum festen Bestandteil Ihrer Gesamtstrategie.

Machen Sie Beteiligung schließlich öffentlich. Das erhöht nicht nur die Transparenz und Verbindlichkeit des gesamten Prozesses, sondern auch die Legitimation der Ergebnisse. Untermauern Sie die Ernsthaftigkeit Ihrer Beteiligungsbemühungen, indem Sie die Medien über alle wesentlichen Schritte und Ziele informieren.

Ressourcen und Prozessmanagement

Professionelles Prozessmanagement ist das Gerüst, das ein Beteiligungsprojekt trägt. Hier kommt es auf die richtigen Kompetenzen, Ressourcen und Strukturen an. Fehlt es beispielsweise an der notwendigen finanziellen oder personellen Ausstattung, kann das den ganzen Prozess zum Scheitern bringen.

Im Partizipationsprozess selbst zählen Verwaltung und Politik zu den beteiligten Parteien beziehungsweise Interessengruppen. Wählen Sie deshalb externe Moderatoren als neutrale Prozessbegleiter. Die Anwesenheit unabhängiger Experten gewährleistet nicht nur einen professionellen Ablauf, sondern wirkt vertrauensbildend und vermittelnd.

Geeignete Methoden

Erarbeiten Sie für den Beteiligungsprozess ein individuelles methodisches Konzept. Analysieren Sie Ihre Situation und passen Sie vorhandene Instrumente und Verfahren an. Professionelles Qualitätsmanagement oder wissenschaftliche Evaluationen ermöglichen Ihnen, die Wirksamkeit einzelner Methoden noch während des Beteiligungsprozesses zu überprüfen.

Einblick und Transparenz

Gewähren Sie Einblick in alle Abläufe und Projektschritte. Dokumentieren Sie fortwährend den Stand des Beteiligungsprozesses und machen Sie die Inhalte für jeden verfügbar. Das verbessert die Qualität laufender Prozesse und schafft zugleich einen Fundus an Erfahrungswissen für zukünftige Beteiligungsvorhaben. Ergänzen Sie Ihre Aufzeichnungen durch wissenschaftliche Evaluationen. So lässt sich die Wirksamkeit der Prozessschritte und der gewählten Methoden genau überprüfen.

Geben Sie den Bürgern die Möglichkeit, Kritik, Fragen und Anregungen loszuwerden. Richten Sie zum Beispiel eine Art Briefkasten (»Bürgerbox«) ein und sorgen Sie für geeignete Ansprechpartner. Geben Sie auf alle Anfragen eine zeitnahe Rückmeldung.

Relevanz der Ergebnisse

Ergebnisse müssen verbindlich sein. Geben Sie den Beteiligten eine klare Zusage, ob und wie die gemeinsam erarbeiteten Beteiligungsergebnisse in den politischen Entscheidungsprozess einfließen können. Sollte das nicht möglich sein, etwa aufgrund übergeordneter Zuständigkeiten oder rechtlicher Verpflichtungen, machen Sie die Gründe dafür transparent. Beachten Sie: Bleiben Vereinbarungen und Ergebnisse regelmäßig unberücksichtigt, entlarvt sich Beteiligung schnell als inhaltsleer.

Achten Sie auf zügige Abläufe. Beteiligung braucht zeitnahe Rückmeldungen, damit sie die Menschen als befriedigend und erfolgreich wahrnehmen. Schnelle Entscheidungen und Ergebnispräsentationen verstärken das Gefühl, dass Beteiligung auch wirklich wirkt.

Stellen Sie schließlich sicher, dass getroffene Vereinbarungen nicht wieder über einen Umweg ausgehebelt werden – zum Beispiel durch mangelnde Ressourcen, ungeeignete Strukturen oder fehlenden Rückhalt von oben.

Checkliste Vorbereitung von Beteiligungsprojekten

- 1. Ist das Thema, zu dem Sie beteiligen wollen, von Relevanz für die Bürger?
- 2. Haben Sie Ihre Ziele klar definiert? (Sinn und Zweck der Beteiligung, interne Ziele)
- 3. Gibt es ein klares Bekenntnis zu Bürgerbeteiligung von Verwaltungsspitze und Politikern?
- 4. Sind allen Beteiligten die Rahmenbedingungen, Spielräume und Regeln klar?
- 5. Haben Sie die Beteiligungsinstrumente an Ihre spezifische Situation und die vorhandenen Ressourcen angepasst?
- 6. Gibt es einen neutralen Prozessbegleiter (Moderator) und unabhängige Experten?
- 7. Ist die Öffentlichkeit ausreichend über das Projekt informiert?
- 8. Haben Bürger die Möglichkeit, Kritik, Fragen und Anregungen zu äußern?
- 9. Werden sämtliche Entscheidungen im Laufe des Beteiligungsprozesses nachvollziehbar dokumentiert?
- 10. Haben Sie die Möglichkeit, den Bürgern nach Beendigung des Prozesses ein zeitnahes Feedback zu geben?

Beispiel I für Qualitätskriterien
Unterschiedliche Gewichtung von Qualitätskriterien

Bürgerbeteiligung beim Stadtumbau in Berlin

Verschiedene Beteiligungsprojekte im Stadtumbauprozess des Berliner Stadtteils Marzahn-Hellersdorf haben gezeigt, dass die Ausprägung einzelner Qualitätskriterien ist von unterschiedlichen Faktoren abhängig. Zuallererst ist die Frage nach dem Ziel des Beteiligungsprozesses zu klären. **Beteiligung ist kein Selbstzweck** und dient nicht der Arbeitsbeschaffung für Externe und Verwaltungsmitarbeiter. Je nach Zielstellung sind die Kriterien für eine gelungene Beteiligung zu gewichten.

Auch die Frage nach der **sozialräumlichen Einordnung** spielt eine Rolle. So steht zwar das Ziel »**Dialog auf Augenhöhe**« stets im Vordergrund; doch kann es sich in der Praxis als überaus schwierig erweisen, dieses Ziel dann auch umzusetzen – zum Beispiel durch große Unterschiede beim Bildungsstand der Beteiligten. Hier bedarf es besonderer Kommunikationskompetenzen.

In Marzahn-Hellersdorf hat dies eine erfolgreiche Bürgerbeteiligung nicht verhindert. Hier hatte die Verwaltung besonders darauf geachtet, dass andere zentrale Qualitätskriterien eingehalten beziehungsweise umgesetzt wurden. Dazu gehörten das **ernsthafte Interesse an echter Beteiligung**, eine in jedem Punkt **transparente Prozessgestaltung** sowie die **Ergebnisoffenheit** innerhalb des gegebenen Handlungsspielraums.

Wichtig war den Verantwortlichen, dass **Beteiligung nicht in erster Linie zur Legitimation** behördlichen Handelns diente und auch **nicht zur Beschwichtigung** der Bewohner und Betroffenen eingesetzt wurde. Beteiligung darf also **nicht als Alibi missbraucht** werden. Erst dann führt sie auch zu besseren Lösungen, dient dem Interessenausgleich und sorgt für mehr Akzeptanz gegenüber getroffenen Entscheidungen. Zusätzlich schult sie alle Beteiligten in der praktischen Anwendung demokratischer Aushandlungsprozesse.

Erfolg durch Qualitätskriterien

Als besonders erfolgreich erwies sich der Beteiligungsprozess im Marzahner Schorfheide-Viertel. Die Stimmungs- und Ausgangslage hier war schwierig: Die Bürgerschaft war sehr gespalten in eine Gruppe, die innerhalb des Handlungsspielraums Lösungen finden wollte, und eine Gruppe, die die Grenzen dieses Spielraums nicht akzeptieren wollte. Trotzdem gelang es in einem mehrwöchigen Aushandlungsprozess, zu einer von der planenden Verwaltung, den öffentlichen und privaten Grundstückseigentümern und den Bewohnern akzeptierten Lösung zu kommen. Aufgrund ihrer großen gestalterischen Qualitäten wurde sie sogar mit dem Wohnumfeldpreis des Bundes Deutscher Landschaftsarchitekten ausgezeichnet. Entscheidende Erfolgsfaktoren waren hier die **Vereinbarung klarer, realistischer Ziele**, die **Offenheit für Ergebnisse**, die **gemeinsame Sprache** sowie ein durch externe Moderatoren unterstützter, intensiver Vor-Ort-Prozess, der von gegenseitiger Wertschätzung getragen war.

Wichtig war auch die **Wahl der Planungsmethode:** Die Beteiligung wurde als Charrette-Verfahren angelegt. Hierbei sind kompetente, entscheidungsfähige Vertreter der Verwaltung und der Eigentümer beteiligt, sodass die notwendigen Verwaltungs- und Genehmigungsfragen bereits während des laufenden Prozesses beantwortet werden können. Alle Beteiligten erarbeiten dann in einem öffentlichen Verfahren Punkt für Punkt die Lösungen und Ergebnisse. Einmal gefällte Entscheidungen werden dabei nicht wieder rückgängig gemacht.

Beispiel II für Qualitätskriterien
Beteiligungserfolg durch Qualitätskriterien

Der »BürgerKompass Sachsen«

Was kommt von dem, was die Politiker entscheiden, bei denen, für die diese Entscheidungen getroffen werden, wirklich an? Welche konkreten Wünsche haben die Bürger ihrerseits an die Politik? Welche Vorschläge haben sie selbst zu machen, um das Zusammenwirken von unterschiedlichen Interessengruppen zum Wohle aller zu gestalten?

Um auf diese und ähnliche Fragen Antworten aus erster Hand zu erhalten, entschied sich die Sächsische Staatskanzlei für das Modellprojekt »BürgerKompass Sachsen«. Kern des Projektes, das von Beteiligungsexperten der Bertelsmann Stiftung begleitet wurde, war eine Veranstaltung mit rund 200 telefonisch nach dem Zufallsprinzip rekrutierten Bürgern aus Sachsen. Diese bildeten einen Querschnitt der sächsischen Bevölkerung ab.

Bevor sich diese Gruppe zu einer Arbeitstagung traf, legten 20 Teilnehmer die zu diskutierenden Themen sowie die an alle im Vorfeld ausgehändigten Unterlagen fest. Voraussetzung für die Themen war lediglich, dass diese in den Verantwortungsbereich der Landespolitik fallen. **Einflussmöglichkeiten und Rahmenbedingungen** des Projektes wurden direkt zu Beginn abgesteckt. Das ermöglichte eine **klare Zielsetzung** und war Grundlage für **realistische Erwartungen**.

Die eigentliche Veranstaltung fand dann am 24. November 2012 in Dresden statt. Dort setzten sich die Teilnehmer mit den Themenbereichen »Wirtschaft und Soziales«, »Bildung« und »Infrastruktur« in einem **moderierten Prozess** auseinander und entwickelten ihre eigenen Ideen dazu. Die Ergebnisse dieser Arbeit übergab eine Delegation am Ende der Veranstaltung persönlich an Ministerpräsident Stanislaw Tillich.

Als ein Qualitätskriterium erwies sich der **Umgang mit den Ergebnissen**. Die vielfältigen Vorschläge wurden innerhalb der Staatsregierung ausgewertet. Schließlich fand eine **Abschlussrunde** zum »BürgerKompass Sachsen« statt. Der Ministerpräsident und die zuständigen Fachminister gaben der von den Bürgern selbst gewählten Delegation **Antworten**. Sie zeigten darin auf, wie Sie mit den einzelnen Empfehlungen umzugehen gedenken. Alle Ergebnisse wurden auf der für das Projekt eigens eingerichteten Internetseite **transparent dargestellt**.

Ein weiterer Faktor für den Erfolg des »BürgerKompasses Sachsen« war **die professionelle Begleitung und Moderation**. So brachte die Bertelsmann Stiftung als neutraler Partner ihre Expertise ein. Prozess und Moderation gestaltete ein erfahrener Dienstleister. Alle Schritte und Ergebnisse wurden **fortlaufend öffentlich dokumentiert**. Zusätzlich **evaluierte** die Universität Wuppertal das gesamte Projekt.

Der »BürgerKompass Sachsen« schuf eine neue Möglichkeit, mit Bürgern ins Gespräch zu kommen und zu erfahren, was sie über die Landespolitik denken und welche Empfehlungen sie an die Politik geben. Dadurch wurde auch die Demokratieerfahrung gestärkt. Gute Ideen mussten gegen andere gute Ideen durchgesetzt werden. Die Teilnehmer am »BürgerKompass« stritten untereinander engagiert für ihre jeweiligen Positionen, tauschten Argumente aus und einigten sich am Ende doch auf eine gemeinsame Linie.

Beispiel III für Qualitätskriterien
Beteiligungsparadoxie bei der Bürgerbeteiligung zum Infrastrukturprojekt »Ortsumgehung Waren«*

Die Auseinandersetzungen um Stuttgart 21 haben die Einstellungen in Politik, Verwaltung und Wirtschaft zur Bürgerbeteiligung grundlegend verändert. Es herrscht mittlerweile ein breiter gesellschaftlicher Konsens, dass Bürgerinnen und Bürger besser und vor allem früher in die Planung von großen Infrastrukturprojekten einbezogen werden müssen. »Früher« heißt: zu einem Zeitpunkt, in dem das Ob noch offen ist.

Bürgerinnen und Bürger wollen mitreden bei der Frage, ob eine Autobahn, ein Flughafen oder eine Stromleitung überhaupt erforderlich ist und wie groß das jeweilige Vorhaben dimensioniert wird. Sie sehen sich nicht ernst genommen, wenn sie sich nur noch dazu äußern können, ob die Lärmschutzwand für die längst beschlossene neue Bundesstraße grün oder blau gestrichen werden soll.

Wenn der Bürger zu spät kommt

In Deutschland wird über das Ob eines überregionalen Infrastrukturvorhabens zumeist in einem hochstufigen Plan mit längerer Laufzeit und bundesweiter Geltung entschieden. Dafür gibt es gute Gründe. Nur so ist überhaupt ein koordiniertes, auf einem Gesamtkonzept beruhendes und Alternativen ernsthaft abwägendes Planen möglich. Aufgrund der stufenweisen Klärung von Ob und Wie belastet die einmal entschiedene Bedarfsfrage auch nicht mehr die nachfolgenden Verfahren, die sich dann mit den Details beschäftigen.

Mit Blick auf bürgerschaftliche Teilhabe droht hier jedoch eine **Beteiligungsparadoxie**: Der Plan entscheidet in abstrakter Weise über den Bedarf, überlässt aber das genaue Wie und Wo den späteren Genehmigungsverfahren, die zunächst zeitlich und räumlich noch weit weg sind. Der Bürger fühlt sich nicht betroffen. Soweit er von der Planung überhaupt etwas mitbekommt, kapituliert er zudem schnell vor den komplexen und abstrakten Prognose- und Bedarfsüberlegungen, die den Plänen zugrunde liegen. Prägnante Beispiele dafür sind die Bundesverkehrswegeplanung mit ihren Verkehrsprognosen und der sogenannte Szenariorahmen der Stromnetzplanung.

Wenn Zulassungsverfahren für ein Projekt also erst Jahre später beginnen und auch dann erst die Bevölkerung auf den Plan rufen, ist es für grundsätzliche Zweifel am Vorhaben zu spät: Dann geht es nur noch um das Wie. Je stärker sich ein Projekt also konkretisiert, desto kleiner werden die Gestaltungsspielräume. Umso größer wird aber gleichzeitig die Bereitschaft der Bevölkerung, sich zu beteiligen.

Folgen der Beteiligungsparadoxie minimieren

Die Beteiligungsparadoxie lässt sich nicht vollständig auflösen. Eine bundesweite Gesamtplanung, die die Bevölkerung in gleicher Weise mobilisiert und einbezieht, wie es ein konkretes Projekt vermag, ist Utopie – schon angesichts der Vielzahl der potenziell zu Beteiligenden.

Die Auswirkungen dieser Paradoxie lassen sich jedoch durch eine verbesserte Bürgerbeteiligung erheblich reduzieren. Dafür erforderlich ist eine aktivierende Einbeziehung der Bürgerinnen und Bürger, die über die gesetzlich vorgeschriebenen Beteiligungsmöglichkeiten weit hinausgeht. Allerdings stößt diese Bringschuld von Politik und Verwaltung an ihre Grenzen, wenn Bürgerinnen und Bürger ihre Beteiligungschance nicht auch als eigene Holschuld verstehen. Ziel muss also sein, die Zugangsschwellen zu den hochkomplexen Planungsprozessen so niedrig wie möglich zu halten. Ein

Abbildung 6: Partizipationsdilemma

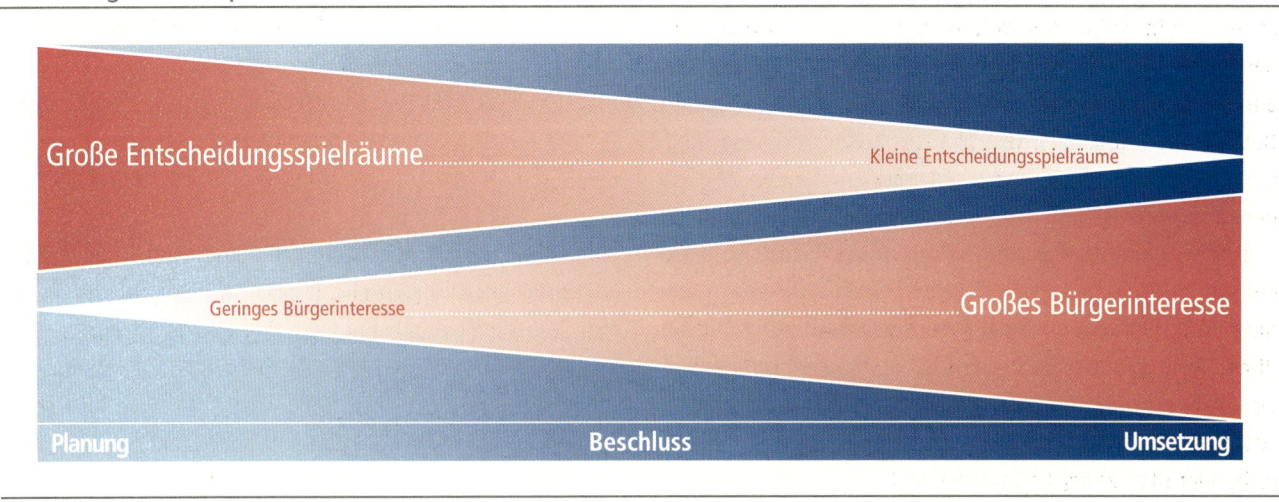

Große Entscheidungsspielräume .... Kleine Entscheidungsspielräume

Geringes Bürgerinteresse .... Großes Bürgerinteresse

Planung — Beschluss — Umsetzung

gutes Beispiel für das Phänomen der Beteiligungsparadoxie ist der Fall der Ortsumgehung Waren an der Müritz in Mecklenburg-Vorpommern.

Ortsumgehung Waren (Müritz)

Ein besonderer Aspekt von Beteiligungsparadoxie prägte das Bürgerbeteiligungsverfahren zur Ortsumgehung Waren (Müritz). Durchgeführt wurde es im Jahr 2013 vom Ministerium für Energie, Infrastruktur und Landesentwicklung Mecklenburg-Vorpommern in Kooperation mit der Bertelsmann Stiftung (Näheres unter http://dialog-waren.de).

Das Verfahren war darauf ausgelegt, die Menschen schon zu einem wesentlich früheren Zeitpunkt zu beteiligen als bislang üblich. Und zwar zu einem Zeitpunkt, an dem noch keine zentralen Entscheidungen gefallen waren. Bürgerinnen und Bürger hatten die Möglichkeit, bereits das Ob einer Ortsumgehung ergebnisoffen zu diskutieren sowie in einem politisch bindenden Bürgervotum darüber zu entscheiden.

Dieser offene Ansatz löste auch Kritik aus. Der Hauptkritikpunkt, der sich durch das gesamte Verfahren zog, lautete: Wie sollen Bürgerinnen und Bürger über das Ob entscheiden, wenn sie überhaupt nicht wissen, welche der sechs zur Diskussion stehenden Trassenvarianten am Ende der noch folgenden Raumordnungs- und Planfeststellungsverfahren beschlossen wird? Dabei hatten die Warener schon zu Beginn des Beteiligungsverfahrens einen Wissensstand, der erheblich über dem der Bundesregierung und des Bundestages lag, wenn diese über das Ob entscheiden. Die Bürgerinnen und Bürger vor Ort machen ihre Meinung zum Ob eben oftmals vom genauen Wo abhängig.

Der Paradoxie entgegenwirken

Aus dieser Beteiligungsparadoxie suchte das Mitwirkungsverfahren folgenden Weg: Das politisch bindende Bürgervotum blieb – schon aus rechtlichen Gründen – auf das Ob begrenzt. In mehreren öffentlichen Veranstaltungen erfolgte jedoch eine Diskussion der verschiedenen Trassen. Dabei konnte aufgrund einer Kosten-Nutzen-Analyse und der naturschutzfachlichen Prüfung herausgearbeitet werden, dass eine bestimmte Variante die nach damaligem Kenntnisstand mit Abstand wahrscheinlichste sei. Dies und andere Inhalte und Ergebnisse der Diskussion wurden in einer Abstimmungszeitung dokumentiert.

Vielleicht symptomatisch für Bürgerbeteiligung insgesamt war das Echo dazu in der Öffentlichkeit. Wer sich von der lokalen Berichterstattung sowie den kritischen Anmerkungen in den öffentlichen Veranstaltungen (»Hirnrissiges Verfahren«, »Wir kaufen doch nicht die Katze im Sack«) leiten ließ, hielt die Abstimmung zu diesem frühen Zeitpunkt wohl für eine Zumutung. Ein völlig anderes Bild erbrachte hingegen die von der Bertelsmann Stiftung beauftragte repräsentative Befragung: Demnach fanden 83 Prozent der Warener das Bürgervotum gut. An dem Bürgervotum selbst nahmen dann rund 57 Prozent der Abstimmungsberechtigten teil – deutlich mehr als bei Kommunal- und Kreistagswahlen im Land üblich. Das Votum erbrachte ein klares Ergebnis: Fast 60 Prozent sprachen sich gegen eine Ortsumgehung aus. Das Land meldete dieses Projekt deshalb nicht zum Bundesverkehrswegeplan 2015 an.

*Beitrag von **Dr. Reinhard Wulfhorst**, Referatsleiter, Ministerium für Energie, Infrastruktur und Landesentwicklung Mecklenburg-Vorpommern, Schwerin

Anhang

Glossar*

Akzeptanz
Tolerierende oder bejahende Einstellung von Gruppen beziehungsweise Personen gegenüber Entscheidungen oder Handlungen anderer.

Anhörungsverfahren
Teil des Planfeststellungsverfahrens, in dem eine Behörde Beteiligte informiert und ihnen die Gelegenheit gibt, zu einer Entscheidung Stellung zu nehmen und den eigenen Standpunkt vorzubringen. Im Rahmen des Anhörungsverfahrens werden die Planunterlagen öffentlich ausgelegt und sowohl Behörden als auch Betroffene schriftlich beteiligt. Einwendungen, Anregungen und Stellungnahmen können bei einem Erörterungstermin vorgebracht werden.

Befragung, aktivierende
Aus der Gemeinwesenarbeit heraus entwickelte Methode, bei der Bürgerinnen und Bürger eines Stadtteils beziehungsweise Wohngebietes nicht nur nach ihrer Meinung und Einstellung gefragt, sondern dazu motiviert und ermutigt werden, sich aktiv an der Lösung von Problemen zu beteiligen.

Belang
Jedes rechtlich schutzwürdige Interesse juristischer, wirtschaftlicher oder ideeller Natur.

Beteiligende
Akteure wie Vorhabenträger, Verwaltungen beziehungsweise Behörden, die in der Position sind, Beteiligungsangebote zu unterbreiten und somit für die Gewährung von Teilhabe verantwortlich sind.

Beteiligte
Bürger sowie kollektive Akteure wie Vereine, Verbände, Interessenvertretungen, Kommunen und Fachbehörden, die in unterschiedlichem Umfang und zu verschiedenen Zeitpunkten und Themen beziehungsweise Fragen einbezogen werden.

Beteiligungskompass
Online-Plattform der Bertelsmann Stiftung, die es Praktikern und Interessierten ermöglicht, sich über Methoden, Instrumente und Fallbeispiele für Beteiligungsprojekte zu informieren und mithilfe eines Planungstools Beteiligungsprojekte zu entwickeln.

Betroffene
Jede Person, deren Belange durch eine Zulassungsentscheidung oder Planung berührt werden können.

Bürger
Privatperson, unabhängig davon, ob das Vorhaben sich auf seine Belange auswirken kann (= Öffentlichkeit ohne juristische Personen und Vereinigungen).

Bürgerbeteiligung
Teilhabe oder Mitgestaltung der Bürger an einem Planungs- und Entscheidungsprozess durch Information, Konsultation oder Kooperation, wobei gesetzlich vorgeschriebene und darüber hinausgehende informelle Beteiligungsformen möglich sind. Die Bürger können sich direkt oder indirekt über Interessenvertretungen, Verbände, Projektbeiräte und Ähnliche beteiligen.

Anhang

Bürger-Scoping
Freiwillige Veranstaltung des Vorhabenträgers zur Information und Konsultation der Bürger über Gegenstand, Inhalt und Methodik der vom Vorhabenträger zu erstellenden Verfahrensunterlagen und gegebenenfalls Ausweitung auf Fragestellungen aus den Bereichen Wirtschaft und Soziales und andere zusätzliche Themenfelder.

Charrette-Verfahren
Öffentliche Planungsmethode zur Stadt- und Regionalentwicklung unter direkter Beteiligung von Bürgern. Betroffene, Projektentwickler, Planungsexperten und Entscheidungsträger diskutieren und planen in einem mehrwöchigen Verfahren gemeinsam mögliche Lösungen innerhalb des definierten Handlungsspielraums. Im Charrette-Verfahren ist man bemüht, auch alle notwendigen Verwaltungsverfahren und Genehmigungsfragen bereits im Planungsvorgang integriert zu bearbeiten.

Einwendung
Form- und fristgebundene Äußerung eines Bürgers oder sonstigen Teils der Öffentlichkeit im Rahmen des formellen Anhörungsverfahrens.

E-Partizipation
Internetgestützte Verfahren, über die sich Bürger an Entscheidungsprozessen in Politik und Verwaltung beteiligen können.

Erörterungstermin
Termin zur Erörterung der im Planfeststellungsverfahren erhobenen Einwendungen und abgegebenen Stellungnahmen mit dem Ziel, diese auszuräumen.

Formelle Beteiligung
Nach den jeweils anwendbaren Rechts- und Verfahrensvorschriften verbindlich geregelte Form der Beteiligung eines bestimmten Kreises von Personen als Teil eines Verwaltungsverfahrens.

Information
Information ist die Form der Beteiligung, die noch keine aktive Einflussnahme der Beteiligten auf einen Planungsprozess beinhaltet. Die Kommunikation verläuft vorwiegend in eine Richtung, nämlich von der Planungs- und Entscheidungsebene hin zur Öffentlichkeit. Eingesetzte Methoden sind zum Beispiel Projektbroschüren, Informationstermine oder Planungsausstellungen.

Informelle Beteiligung
Jede Maßnahme, die über die vorgeschriebenen Maßnahmen der formellen Beteiligung hinaus die Teilhabe der Öffentlichkeit (Bürger) an einem Verwaltungsverfahren sinnvoll ergänzt und erweitert. Maßnahmen der informellen Beteiligung sind nicht rechtlich festgelegt und können der jeweiligen Situation flexibel angepasst werden (freiwillige Beteiligungsformen).

Konsultation
Im Kontext des europäischen Rechts der Überbegriff für die Beteiligung von Gruppen, Behörden, Bürgern an Planungs- und Entscheidungsprozessen jeder Art; das heißt, die Meinung der genannten Personengruppen wird eingeholt. Die Konsultation der Öffentlichkeit umfasst das Angebot der Stellungnahme in Planungs- und Entscheidungsprozessen. Die Kommunikation zwischen Entscheidungsträgern und Bürgern erfolgt wechselseitig. Eingesetzte Methoden sind zum Beispiel Stellungnahmen, schriftliche und mündliche Befragungen sowie Bürgerversammlungen.

Kooperation
Möglichkeit, in Planungsprozessen aktiv mitzuwirken. Der Grad der Einflussnahme kann je nach Gegenstand der jeweiligen Planungsphase unterschiedlich groß sein und bis zur gemeinsamen Entscheidungsfindung reichen. Die Kommunikation zwischen den involvierten Personen, also Beteiligten und Beteiligenden, ist integraler Bestandteil und umfassend.

Partizipationsleiter
Stufenmodell zur Veranschaulichung unterschiedlicher Partizipationsmöglichkeiten – angefangen bei der Scheinpartizipation (unterste Stufe) bis hin zur authentischen und umfassenden Partizipation (oberste Stufe). Das Grundmodell unterscheidet die vier Partizipationsstufen »Informieren – Mitwirken – Mitentscheiden – Selbstverwalten«. Das von der amerikanischen Sozial- und Gesundheitswissenschaftlerin Sherry Arnstein 1969 entwickelte Ausgangsmodell umfasst acht Stufen.

Partizipationsparadox
Oft ist das Engagement und Interesse der Bürger zu Beginn des Verfahrens noch recht niedrig. Die Möglichkeiten der Einflussnahme sind zu diesem Zeitpunkt jedoch sehr groß. Im Laufe des Prozesses nimmt das Engagement der Beteiligten zu und erreicht oft erst in der Umsetzungsphase seinen Höhepunkt. Gleichzeitig nehmen die Möglichkeiten der Einflussnahme auf das Vorhaben im Verlauf des Verfahrens ab, denn das Vorhaben befindet sich nun bereits in der Umsetzung. In dem Moment also, wo die Beteiligten das größte Interesse am Beteiligungsverfahren zeigen, haben sie kaum mehr Möglichkeiten, die Planung zu beeinflussen. So gibt es in jedem Beteiligungsverfahren Elemente, die zu nicht vorhersehbaren Konflikten führen können oder aber trotz ihrer Vorhersehbarkeit nicht frühzeitig gelöst werden können.

Planfeststellungsverfahren
Förmliches, durch §§ 72 bis 78 VwVfG sowie durch fachgesetzliche Bestimmungen geregeltes besonderes Verfahren, das die Zulassung von bestimmten Bauvorhaben zum Gegenstand hat und mit dem Erlass eines Verwaltungsaktes (Ablehnung, Modifikation der Zulassung des Vorhabens) endet. Durch die Planfeststellung wird die Zulässigkeit des Vorhabens einschließlich der notwendigen Folgemaßnahmen an anderen Anlagen im Hinblick auf alle von ihm berührten öffentlichen Belange festgestellt. Neben der Planfeststellung sind andere behördliche Entscheidungen, insbesondere öffentlich-rechtliche Genehmigungen, Verleihungen, Erlaubnisse, Bewilligungen und Zustimmungen, nicht erforderlich. Durch die Planfeststellung werden alle öffentlich-rechtlichen Beziehungen zwischen dem Träger des Vorhabens und den durch den Plan Betroffenen rechtsgestaltend geregelt (§ 75 Abs. 1 VwVfG).

Plebiszit
Entscheidung in einem demokratischen System, die von Bürgern direkt und nicht über Vertreter oder Repräsentanten getroffen wird. Es ist die ursprüngliche Form der direkten Demokratie. Beispiele für plebiszitäre Entscheidungen sind unter anderem Bürgerentscheide und Volksbegehren. Das Grundgesetz sieht demgegenüber eine repräsentative Demokratie vor, in der Entscheidungen grundsätzlich durch vom Volk gewählte Volksvertreter getroffen werden.

Scoping
Verfahren zur Bestimmung von Inhalt und Umfang der für die Durchführung der Umweltverträglichkeitsprüfung (UVP) notwendigen Unterlagen des Vorhabenträgers im Sinne des § 5 UVPG. Das Scoping wird frühzeitig vor Erstellung der UVP-Unterlagen durch den Vorhabenträger von der zuständigen Behörde durchgeführt. Zwingend zu beteiligen sind die fachlich berührten Behörden. Sachverständige und Dritte können hinzugezogen werden.

Vorhabenträger
Behörde oder privates Unternehmen, die beziehungsweise das für die Planung und Umsetzung eines Vorhabens verantwortlich ist. Der Vorhabenträger erarbeitet die für die jeweiligen Planungs- und Zulassungsverfahren notwendigen Planunterlagen und reicht diese bei der jeweils zuständigen Behörde ein. Vorhabenträger bei großen Infrastrukturprojek-

ten sind beim Luftverkehr die Flughafengesellschaften (in der Regel juristische Personen des Privatrechts), die Wasser- und Schifffahrtsverwaltung (Bundesbehörden) bei den Bundeswasserstraßen, im Schienenwegeverkehr der Eisenbahn des Bundes die Deutsche Bahn AG und im Bundesfernstraßenbau die Landesstraßenbauverwaltungen im Auftrag des Bundes.

Zuständige Behörde
Die für das jeweilige Verwaltungsverfahren beziehungsweise einzelne Verfahrensschritte verantwortliche Behörde.

* Glossar-Quellen:
Handbuch für eine gute Bürgerbeteiligung. Planung von Großvorhaben im Verkehrssektor, hrsg. vom Bundesministerium für Verkehr, Bau und Stadtentwicklung. Berlin 2012.
Wegweiser Bürgergesellschaft (www.wegweiser-buergergesellschaft.de). Ein Projekt der Stiftung Mitarbeit.
Beteiligungskompass der Bertelsmann Stiftung und der Stiftung Mitarbeit (siehe Literaturliste).

Literatur und Links

Bürgerbeteiligung allgemein

Bertelsmann Stiftung (Hrsg.). Politik beleben, Bürger beteiligen. Charakteristika neuer Beteiligungsmodelle. Gütersloh 2010.

Bertelsmann Stiftung und Stiftung Mitarbeit. Homepage: Der Beteiligungskompass.
Online: www.beteiligungskompass.org. Die Online-Plattform bietet praxisrelevante Informationen zur Bürgerbeteiligung. Sie ermöglicht die Suche nach Methoden und Beispielen auf Basis der eigenen Ziele und Rahmenbedingungen. Folgende Informationen stehen zur Verfügung: Praxisbeispiele; Modelle, Methoden und Instrumente; Leitfäden, Experten, News und Veranstaltungen.

Bundesministerium für Land- und Forstwirtschaft, Umwelt und Wasserwirtschaft (Lebensministerium), Bundeskanzleramt (Hrsg.). Standards der Öffentlichkeitsbeteiligung. Praxisleitfaden. Wien 2011.

Nanz, Patricia, und Miriam Fritsche (Hrsg.). Handbuch Bürgerbeteiligung. Verfahren und Akteure, Chancen und Grenzen. Bonn 2012.

Walter, Franz, und Danny Michelsen. Unpolitische Demokratie. Zur Krise der Repräsentation. Berlin 2013.

Themenbereiche von Bürgerbeteiligung

Bertelsmann Stiftung (Hrsg.). Mehr Transparenz und Bürgerbeteiligung Prozessschritte und Empfehlungen am Beispiel von Fernstraßen, Industrieanlagen und Kraftwerken, Gütersloh 2013.

Bundesministerium für Verkehr, Bau und Stadtentwicklung (Hrsg.). Handbuch für eine gute Bürgerbeteiligung. Planung von Großvorhaben im Verkehrssektor, Berlin 2012.

Deutscher Städtetag (Hrsg.). Beteiligungskultur in der integrierten Stadtentwicklung, Berlin/Köln 2013.

Ministerium für Klimaschutz, Umwelt, Landwirtschaft, Natur- und Verbraucherschutz Nordrhein-Westfalen (Hrsg.). Handreichungen zur Öffentlichkeitsbeteiligung im Umweltbereich, Düsseldorf 2012.
Online: www.umwelt.nrw.de/umwelt/pdf/broschuere_handreichungen.pdf

Umweltbundesamt (Hrsg.). Öffentlichkeitsbeteiligung in Planungs- und Genehmigungsverfahren neu denken, Dessau-Roßlau 2012.
Online: www.umweltbundesamt.de/publikationen/oeffentlichkeitsbeteiligung-in-planungs

Anhang

Die Mitglieder des »Innovationsdialogs Bürgerbeteiligung«

_ Sabine Antony	Bezirksamt Marzahn-Hellersdorf von Berlin, Amt für Wirtschaft und Stadtentwicklung, Organisationseinheit Städtebauförderung, Leiterin
_ Dr. Johanna Becker	Staatskanzlei Rheinland-Pfalz (Mainz), Leitstelle Ehrenamt und Bürgerbeteiligung, Leiterin
_ Christoph Charlier	Staatskanzlei Rheinland-Pfalz (Mainz), Abteilungsleiter
_ Dr. Gerd Gebhardt	Ministerium für Infrastruktur und Landwirtschaft des Landes Brandenburg (Potsdam), Abteilungsleiter
_ Dr. Markus Grünewald	Ministerium des Innern des Landes Brandenburg (Potsdam), stellvertretender Abteilungsleiter
_ Kerstin Hähnel	Senatsverwaltung für Stadtentwicklung und Umwelt, Referat Gewässerschutz, Referatsleiterin
_ Monika Hanisch	Stadt Essen, Büro Stadtentwicklung, Mitarbeiterin
_ Volker Holm	Magistrat der Stadt Bremerhaven, Stadtbaurat
_ Fredi Holz	Sächsische Staatskanzlei (Dresden), Referatsleiter
_ Burkhard Horn	Senatsverwaltung für Stadtentwicklung und Umwelt Berlin, Referat Verkehrspolitik/Verkehrsentwicklungsplanung, Referatsleiter
_ Dr. Konrad Hummel	Stadt Mannheim, Beauftragter des Oberbürgermeisters
_ Reiner Kammeyer	Senatskanzlei der Freien Hansestadt Bremen, Referatsleiter
_ Alexander Koop	Bertelsmann Stiftung (Gütersloh), Project Manager
_ Dirk Lahmann	Bundesstadt Bonn, Büro des Oberbürgermeisters, Projektleiter Bürgerbeteiligung
_ Niombo Lomba	Staatsministerium Baden-Württemberg (Stuttgart), Stabsstelle der Staatsrätin für Zivilgesellschaft und Bürgerbeteiligung, Leiterin

Anhang

_ Florian Marré	Stadt Diepholz, Fachdienstleiter Ordnung und Soziales, Bildung und Familie
_ Christoph Meineke	Gemeinde Wennigsen (Deister), Bürgermeister
_ Renate Mitterhuber	Finanzbehörde der Freien und Hansestadt Hamburg, Referatsleiterin
_ Heidi Plüschke	Niedersächsisches Ministerium für Umwelt, Energie und Klimaschutz (Hannover), Referentin
_ Anna Renkamp	Bertelsmann Stiftung (Gütersloh), Project Manager
_ Dr. Wilgart Schuchardt-Müller	Ministerium für Wirtschaft, Energie, Industrie, Mittelstand und Handwerk des Landes Nordrhein-Westfalen (Düsseldorf), Gruppe »Industrie, Zukunftsmärkte«, Leiterin
_ Christian Springe	Bundesministerium für Verkehr, Bau und Stadtentwicklung (Bonn), Regierungsdirektor
_ Christina Tillmann	Bertelsmann Stiftung (Gütersloh), Senior Project Manager
_ Matthias Dr. Weigand	Bayerisches Staatsministerium für Umwelt und Gesundheit (München), »Fachübergreifendes Recht«, Ministerialrat und Referatsleiter
_ Gottfried Wolf	Ministerium für Arbeit und Sozialordnung, Familie, Frauen und Senioren des Landes Baden-Württemberg (Stuttgart), Stabsstelle Bürgerengagement und Freiwilligendienste, stellvertretender Leiter
_ Dr. Reinhard Wulfhorst	Ministerium für Energie, Infrastruktur und Landesentwicklung Mecklenburg-Vorpommern (Schwerin), Referatsleiter
_ Hildegard Zeck	Niedersächsisches Ministerium für Ernährung, Landwirtschaft-, und Verbraucherschutz (Hannover), stellvertretende Abteilungsleiterin

Abstract

Overview of the Results

The Participating Citizens in Governance handbook is the result of the Innovation Policy Dialogue on Public Participation – a work group initiated by Bertelsmann Stiftung in December 2011. Over a period of one and a half years, a group of 27 practitioners and progressive thinkers from various ministries, state chancelleries and city councils met together with representatives of Bertelsmann Stiftung. Within the framework of six workshops, the participants discussed the subject of public participation, shared their experiences and pooled their knowledge. These advanced-level discussions took place in an atmosphere of openness, objectivity and cooperation. All of the participants reported on both positive and negative experiences they have had with public participation in their respective administrative contexts. The discussion involved some specific case studies and was supplemented by specialized and scientific input from external sources. The Innovation Policy Dialogue also included a practical examination of tools and methods used in the processes of public participation.

The variety of suggestions and approaches for handling the topic provided the participants with many new ideas. The suggestions also made it possible to thoroughly analyze the various possibilities for public participation within the context of actual administrative scenarios. This allowed for a realistic assessment and analysis of the ideas, providing a good basis for the further development of specific suggestions, including those related to the quality criteria of good public participation. We extend our sincerest thanks to all of those who supported this dialogue through contributing their expertise!

How can real participation bring about a successful outcome, and what factors determine the success of public participation? What risks and opportunities does public participation present? How can administrative agencies develop a new culture that allows their employees to work in a more flexible and public-oriented manner? These are the key questions that have guided us through the Innovation Policy Dialogue program. We have summarized the most important findings and are presenting them as an overview for you here.

Effective Public Participation Stimulates Representative Democracy

Today, citizens who are self-confident, well informed and willing to participate demand more involvement in policy discussions and want to communicate on equal terms with policymakers and administrative agencies. Representative democracy allows plenty of room for more transparency, dialogue and public participation, without first requiring certain legislative changes; but the path to greater public participation still is not an easy one. Massive public protest in recent years has shown that a greater level of public participation is desirable and necessary; this can also be seen in the fact that political rulings have increasingly been overturned through plebiscitary measures.

Public participation can help agencies to find solutions that are better than "either-or" decisions. Incorporating public opinion does not constitute a weakening of representative democracy. Indeed, it can contribute to a renewal in times of complex problems, low voter turnouts and shrinking parties.

Not only does this require attentive policymakers; it also requires changes in public administration. In Germany, we have an administrative system with a hierarchical structure that has developed and been established over the course of

Abstract

decades. In its planning and operations, it follows standardized procedures that are based on legal requirements. This kind of system cannot change into an administration that flexibly incorporates external opinions and knowledge overnight. Public participation does not aim at toppling every established structure; at the same time, it cannot take place without some degree of change. To facilitate public participation, it is essential to have specific long-term measures in place for developing key competencies, modernized structures and an acceptable culture of participation.

Increasing Opportunities, Minimizing Risks

Participation is always connected with opportunities and risks. As a general rule, the better such participation is planned and implemented, the bigger the resulting opportunities and the lower the associated risks.

Possible risks include delays in proceedings, the dominance of particular interests, loss of quality, an increased workload, higher costs, and restricted power and authority. All participants share the responsibility of maximizing opportunities by effectively cooperating with each other. Good participation under clearly defined conditions increases the acceptance of decisions and results in more suitable solutions, since they are developed jointly. Participation can take the burden off administrative agencies over the long term, e.g. if cooperations arise between citizens and the administration.

The Path to a New Culture – Consistent rather than Sporadic

The specialists who took part in the Innovation Policy Dialogue all agree that the development of a new culture of participation is a long-term process and that we have only just begun. Some administrative agencies are already in the habit of involving local members of the public in certain undertakings – though this has generally been on a project-by-project basis so far. It is essential that a more comprehensive culture of participation be developed. This calls for a transformation in the organizational culture of administrative agencies, as well as a change in values, norms and personal attitudes, allowing for a culture of participation to become firmly fixed for the long term. The objective here is for the people and the government to have a relationship of trust – one in which they can meet on equal terms and communicate openly and constructively. A culture of participation enables the employees of administrative agencies to take actions flexibly and to address actual needs.

Policymakers and administrative agencies should take an active approach to this change. The necessity and benefits of this process should be communicated clearly. The change should become a matter of personal priority for administrative heads, and it should be tested and put to practice in the context of actual projects. Planning and decision-making processes should be adapted in such a way that public participation becomes an integral part of considerations and actions taken.

Qualifying Employees – Developing Skills

In order for participation to succeed, managers and administrative employees must also develop new skills. What new skills and what tools do they need to successfully effectuate public participation? Key components certainly include knowledge of the opportunities, risks, goals and methods of public participation, as well as the analytical skills to be able to plan and organize participation processes. Other important skills – which have both inward and outward benefits for an administrative agency – are communicative and socio-emotional qualifications, such as taking a positive approach to dealing with the unexpected, having the ability to view situations from different angles, and being willing to see things from the other person's perspective.

Acquiring such skills should become a fixed part of employees' training and development. It can be promoted through networks within the administrative agency, through coaching during the course of a project, or through individual study of relevant handbooks and other materials. But the central core of skill development involves the exercise and implementation of the skills in actual public participation projects. Linking real-world projects with theoretical knowledge building is particularly effective.

Participation with Quality

Participation is only effective if it is done well. There are numerous means and different forms of participatory procedures; however, there are some key quality criteria that play a critical role in the success of participatory projects. The publication presented here lists the central questions related to the six most important quality criteria that administration representatives can use to examine such projects' chances of succeeding. These criteria include an inner willingness and openness to participate, as well as an unwavering dedication to the project. Furthermore, there must be sufficient resources, good project management, suitable methods, transparency, and a commitment to implement the jointly established findings.

Participants are aware that this change will not be easy, particularly under current conditions. This is especially true considering that administrative agencies presently face a number of further challenges – such as drastic cost-cutting measures resulting from tense budgetary situations, or the demographic change that is even affecting agencies' employee structures. Policymakers are thus challenged to set new priorities, even in the areas of finance and staffing.

The path to sustained and consistently exercised public participation is a long and a hard one; but we hope that the Engaging Citizens in Governance handbook will help contribute to the success of public participation in matters of policy and administration – whether in the context of your next participation project or for the long-term goal of bringing about a fundamental change in culture and people's way of thinking.